U0336190

对话的艺术

如何讨论真正重要的事情

［英］莎拉·罗赞图勒（Sarah Rozenthuler） 著

吕晓志 译 任伟 审校

Now We're Talking

How to discuss what really matters

机械工业出版社

CHINA MACHINE PRESS

作为领导者，你是否为自己处理某次困难对话的方式而后悔？也许你本想说出自己的真实想法，去发现自己在交流的过程中逐渐失去了理智。也许你向对方屈服了，或者完全回避了一个棘手的话题，结果导致项目失败。许多管理者认为自己不具备处理困难对话的能力。还有一些管理者，因自我评估不准确而夸大了自己的技能水平，他们鲁莽的对话方式往往导致很糟糕的后果。为培养困难对话的能力，本书分为三个部分来论述相关理论和工具：第一部分，介绍了本书的理论基础以及心理学和领导力研究文献中的有关见解；第二部分，介绍了让真实对话成为可能的四种干预措施；第三部分，介绍了领导者为创造持续的变革而需要遵从的核心原则，展示了领导者如何通过对话这一最便捷的工具，在组织、团队和个人三个层面实现目标。本书将帮助每一位身为领导者的读者在工作中展现更好的自己。通过发展你的对话技巧，通过更真实地展现自己，你将能够以交谈和思考的力量释放尚未被挖掘的潜能。

图书在版编目（CIP）数据

对话的艺术：如何讨论真正重要的事情／（英）莎拉·罗赞图勒（Sarah Rozenthuler）著；吕晓志译.
北京：机械工业出版社，2025. 3. -- ISBN 978 - 7 - 111 - 77587 - 4

Ⅰ. H019

中国国家版本馆 CIP 数据核字第 2025WM0400 号

机械工业出版社（北京市百万庄大街22号　邮政编码100037）
策划编辑：坚喜斌　　　　　责任编辑：坚喜斌　刘林澍
责任校对：李　思　陈　越　责任印制：刘　媛
唐山楠萍印务有限公司印刷
2025 年 3 月第 1 版第 1 次印刷
145mm × 210mm · 9.375 印张 · 1 插页 · 178 千字
标准书号：ISBN 978 - 7 - 111 - 77587 - 4
定价：69.00 元

电话服务　　　　　　　　　网络服务
客服电话：010 - 88361066　　机　工　官　网：www.cmpbook.com
　　　　　010 - 88379833　　机　工　官　博：weibo.com/cmp1952
　　　　　010 - 68326294　　金　书　网：www.golden-book.com
封底无防伪标均为盗版　　机工教育服务网：www.cmpedu.com

词难达意之处，

情之消弭之所。

———哈利勒·纪伯伦（Kahlil Gibran）

来吧，

像个人一样，

坐下来，

让我们聊一聊。

———威廉·斯塔福德（William Stafford）

本书获得的好评

正确的对话是一切转变的核心。莎拉在书中展示了如何做到这一点，并提供了领导者可以采用的实用范例。这为领导者提供了与员工沟通、召开高管会议和董事会会议的全新方法。

——安德鲁·怀特（Andrew White）博士，牛津大学赛德商学院管理学高级研究员，Transcend.Space 首席执行官，2050 领导力播客主理人

如果你想提高进行重要的或困难的对话的能力——无论是与自己、在私人生活中还是在工作中——请阅读这本书。这项技能现在非常重要，没有人比莎拉更能带领我们走向成功！

——亚历山大·希勒（Alexander Hiller），罗素·雷诺兹事务所常务董事

在当今复杂多变的世界中，培养参与真实对话的正确心态对于有效的领导至关重要。在一个多重危机并存的时代，《对话的艺术》是那些真正心无旁骛、只专注于目标达成之人的必读书。

——戴维·哈特曼（David Hartman），加拿大驻菲律宾大使

我的大部分工作都是在教会高级领袖之间促成对话，而且往往是具有挑战性的对话。这本书既是灵感之源，也是补品——其中充满了我希望模仿和借用的方法。同时，它消除、安抚了我那些可能会导致工作状态不佳的恐惧情绪。谢谢你，莎拉。

——乔·贝利·威尔斯（Jo Bailey Wells）博士，英国圣公会主教、副秘书长

肯尼迪曾说过："领导力和学习是互相成就的彼此不可或缺的部分。"本书为身处领导和管理职位的人提供了理想的框架，让他们反思自己还能做些什么来发展自己的技能，以成为一个积极的倾听者，并学习如何进行积极的变革。

——安顿·马斯卡特里（Anton Muscatelli）教授，格拉斯哥大学校长

《对话的艺术》这本书通过循序渐进的过程，让你逐步拥有更丰富的会话内容、更紧密的情感联系，从而加深你对对话的理解，提高你的对话技巧。这是一个绝佳的工具包，能让你在与老板、员工、家人的相处或其他个人关系中，充满自信地进行那些具有挑战性的对话。

——尼阿姆·道林（Niamh Dowling），RADA 校长兼首席执行官

这本研究深入、通俗易懂的书非常实用，是任何想要更谨慎、更巧妙地处理困难对话的领导者的必备之书。这

里分享的工具简单易学，对于那些有足够智慧来尝试的人来说，有可能真正改变他们的人生。

——保罗·威廉姆森（Paul Williamson），大使剧院集团人才发展部主管

莎拉在促使读者自我反省及深入思考和为读者提供能应对日常情况的实用工具与具体建议之间取得了高超的平衡。本书可读性强，充满了现代文化中引人入胜的例证、耳熟能详的领导力实例以及莎拉的亲身经历。《对话的艺术》为多说话、说好话提供了令人信服的理由。

——安妮·克劳比（Annie Crombie），图书信托基金副首席执行官

这是一本绝佳的实用指南，可以帮助团队或组织从困难走向优秀，从优秀走向卓越。《对话的艺术》让我意识到我自己已经付诸实践的工作——通过创造一个安全空间进行对话、分享和学习来建立"信任文化"——有多么重要。我以前并没有意识到这一点。

——保罗·艾伦（Paul Allen），Vibrance 公司首席执行官兼受托人

本书将一步步指导你掌握对话的魔力，用自己的真实力量超越冲突，化解问题。

——陈朝晖（Harvey Z. Chen）博士，创新领导力中心（CCL）大中华区顾问委员会主席

莎拉为如何进行真正重要的"困难"对话这一重要话

题带来了极大的智慧。她的智慧来源于在该领域的长期经验。最重要的是，这本书的内容清晰明了、适用性强，是一本不可或缺的指导手册。

——尼古拉斯·亚尼（Nicholas Janni），Matrix Development 联合创始人；《作为治疗者的领导者：21 世纪领导力的新范式》（*Leader as Healer：a new paradigm for 21st century leadership*）一书作者，该书曾获 2023 年商业图书奖

真正的对话能力是应对我们个人生活、组织乃至整个社会面临的最紧迫挑战的良方。我曾与世界各地的企业、政府和民间的各级领导人共事，我发现，当神奇和美丽被创造出来时，那是因为真正的对话得以实现；而当真正的对话缺失时，痛苦、压力、破碎的关系乃至悲剧就会接踵而至。莎拉撰写的这本了不起的书将为你提供一套非凡的理念、工具、见解和灵感，从而提升你快乐生活的能力，成为一股更强大的力量，为他人和世界带来福祉。

——麦克·麦肯齐（Mac McKenzie），桥梁研究所首席执行官

在担任过许多领导职务之后，我想不出还有哪本书能对每个工作场所的领导者和员工的沟通方式产生如此重大的积极变化和影响。掌握有效的人际对话听起来很容易，但在实践中，这可能是我们面临的最困难的挑战。《对话的艺术》的每一章都提供了丰富的、具有启发性的学习内容，

为读者提供了清晰的可操作步骤，帮助无论规模大小的任何组织改善沟通方式。如果几年前这本书就成为新任领导者的必读书，那么我们的工作场所将会变得更加美好，企业将会更加成功，利润也将更加丰厚。

——吉娜·洛奇（Gina Lodge），世界观导师首席执行官，英国教练协会非洲和印度分会主席，达沃斯100名女性成员之一

《对话的艺术》提供了宝贵的建议，告诉我们如何重构和准备困难的对话，以取得积极的成果。这是一本实用的指南，有助于我们在商业生活中应对困难对话。

——西多内·托马斯（Sidone Thomas），悉尼机场前首席运营官

莎拉·罗赞图勒将她的热情致力于帮助领导者在面对一对一或团队中的困难对话时获得自信、能力和勇气。这本书提供了丰富的故事、理论资源和实用的工具，将困难对话转变为真正的对话，非常适合管理者。

——心梅，翔知羽白OD中心创始人

莎拉·罗赞图勒以生动的语言让对话能真正地为管理者所采用，让对话走进职场的日常成为可能。当下处于VUCA中的职场领导者汇聚集体智慧，为艰难对话破局指出了新的可能性。

——储飞，KOKI Group亚太区和全球生产制造人力资源高级总监

管理者日常中的对话领导力，才是赋能组织与团队之源泉。莎拉·罗赞图勒在本书中以理论、策略与故事娓娓道来，分享了关于对话领导力的诸多秘密。

——金沙浪，CPF 认证引导者、视觉叙画者、《世界咖啡》的译者

作者致谢

感谢多年来与我共事的许多人士。你们都是我写作的动力。我有幸与许多勇敢的客户、鼓舞人心的领导者和对话实践者共事，感谢他们带给我的收获、见解和想法。如果没有这些经历，这本书将仅仅是一本关于理论的书，而不是通过对话实现变革的鲜活经验。

深深感谢在过去 25 年中给予我支持和挑战的众多朋友和同事。特别要感谢克里夫·彭威尔（Cliff Penwell），他的友谊和慷慨让我的心灵得到了充实。克里夫是一位睿智、出色的对话实践者和编辑，他阅读了本书的早期版本，他充满智慧的、富有启发性的建议让我的写作更为精确。我要特别感谢彼得·欧文（Peter Owen），感谢他审阅每一章，并提出了严苛而精辟的见解，所以，我的写作才更具有感染力、流畅性和触动人心的活力。衷心感谢特里西娅·诺顿（Tricia Norton）的智慧建议，这些建议大大提高了本书的专业性。我们之间的对话是给予我能量和鼓励的精神基石，让我在处理繁重工作的同时还能坚持写作。

我还要感谢抽出时间帮助我、让我不断产生新灵感的其他人，比如说这本书的书名就是经由他们的帮助而产生的。特别感谢贝基·霍尔（Becky Hall）、艾米丽·亨特（Emily Hunt）、迈克尔·卡希尔（Michael Cahill）、迈克·威尔逊（Mike Wilson）和汤姆·亨特（Tom Hunt）。我非常感谢路易丝·戴维森（Louise Davison）从一开始就对本书表现出的兴趣，以及她关于如何在重重压力之下在企业中成功进行会话的真知灼见。

作家同行们提供了宝贵的反馈意见。我特别感谢小说家埃莉·波特（Ellie Porter）对第六章"搭建沟通的桥梁"的精辟点评。我还从诗人迈克尔·伍兹（Michael Woods）、青年小说作家奥利维亚·勒维兹（Olivia Levez）以及我参加的写作务虚会的其他同学那里学到了很多东西，真是受益匪浅。我很感谢罗杰·克罗斯（Roger Cross）和蒂亚·阿祖莱（Tia Azulay）多年来细心阅读我的作品，确保我写的东西尽我所能地反映我的真实能力。

几位同事和客户为我拓展咨询业务提供了巨大帮助。克劳斯·斯普林伯格博士（Dr. Claus Springborg）是我们共同制定的对话项目（包括为中国地区的参与者制订的对话计划）的合作者和出色领导者。萨拉-简·梅纳托（Sarah-Jane Menato）加深了我对对话如何帮助我们在这个混乱的时代终结冲突的理解。保罗·桑德姆（Paul Sandham）是我20多年的朋友和同事，他给我带来了光明、欢笑和对真实对话的热爱。同为心理学家的道恩·戈斯登（Dawn Gosden）给我带来了许多鼓励，并帮助我磨炼了教练技巧。达米恩·旺福（Damion Wonfor）在我们共同领导的小组讨论项目中，一直是一个令人平静的存在和慷慨的共同领航人。

克里斯·布莱克韦尔（Chris Blackwell）和阿尔贝托·冈萨雷斯-奥特罗（Alberto Gonzalez-Otero），我的"小组目标"（Purpose Collective）项目的联合创始人，与"由目的转化为行动"（Purpose into Action）的主要推动者阿德里安·帕格丁（Adrian Pagdin）一样，都是建立紧密的全球联系的出色合作者。这两个有关目标的先锋社区于我来说是真正的灵感之源。牛津大学赛德商学院的安德鲁·怀特博士（Dr. Andrew White），史蒂夫·莫斯廷（Steve Mostyn）和西蒙·刘（Simon Lau）将他们的客户托付给我，他们可能不知道我有多感激他们。英格兰教会的心理学家凯蒂·莱恩（Katy Lyne）是我们对话工作中的一盏明灯。詹妮·麦克劳夫林（Jennie McLaughlin）慷慨地分享了她关于目标对话的想法和鼓舞人心的客户故事。安妮·舒尔茨（Anne Schulze）给予了我极大的帮助以扩大本书的影响范围。梅尔也姆·贝尔则孜（Meryem Belqziz）慷慨地帮我检查了很多参考资料，确保我没有偏离正轨。马尔科·林克（Marko Rinck）和丽莎·巴雷特（Lisa Barrett）是我在里德万学校（Ridhwan School）学习"钻石教学法"的两位优秀教师，她们教会了我清晰和冷静，而这两点是写作的纯金法则。露丝·哈维-雷根（Ruth Harvey-Regan）是一位出色的啦啦队长，她鼓励我最终完成这本书的手稿。

有埃洛伊斯·库克（Eloise Cook）作为我在培生出版社的编辑让我觉得非常幸运，她在每个阶段都对本书进行了专业的打磨。如果没有埃洛伊斯最初委托我写作这本书的想法，这本书根本不可能诞生。能有人主动来找我撰写一本书，而不是我费尽周折去找出版商（我以前也这样做过），这是多么令人高兴的事啊！还要感谢阿米尔·帕里克（Amer Parikh）如魔法般的营销。亚什米娜·比什特（Yashmeena Bisht）对本书的制作进行了细致周到的管理。能与培生的整个团队合作完成这本书，我感到非常荣幸。

最后，衷心感谢我亲爱的父母和大家庭多年来给予我的关爱和温暖：爸爸妈妈、安娜（Anna）和克里斯（Chris）、约翰蒂（Johnty）和露西（Lucie）、艾米丽（Emily）和汤姆（Tom），以及给我带来欢乐的奥拉（Orla）和埃斯米（Esme）、迈尔斯（Miles）和妮娜（Nina）。我最想感谢的人是扬·拉科维奇（Jan Rakowicz），他是我身体、精神和灵魂的真正伴侣，他用爱心、耐心、幽默支持着我，其滋养远远超出了他烹饪的可口饭菜和炮制的杯杯香茗。我深深地感恩他给了我写作所需的所有空间，也深深地感恩多年来我们之间进行的启迪人心的对话。

前言　本书的内容是什么

作为领导者，你是否为自己处理某次困难对话的方式而后悔？也许你本想说出自己的真实想法，却发现自己在交流的过程中逐渐失去了理智。也许你向对方屈服了，或者完全回避了一个棘手的话题，结果导致项目失败。在上述所有这些情况下，人们往往会被巨大的沮丧感所笼罩，因为他们没能实现对话的目的，破坏了本来还不错的人际关系，没能解决他们所面临的问题。

如果你在谈论一个棘手的话题时磕磕绊绊或束手无策，那么你并不孤单。研究表明，大约60％的经理人希望能提升自己对进行棘手对话的能力，还有70％的人会尽力避免进行类似的对话。当然，人们一般会认为看似无关紧要的谈话不可能引起如此大的困扰或严重的后果，但有证据告诉我们事实并非如此。

好消息是，你可以做一些事情来提高自己处理棘手对话的能力。即使存在激烈的冲突、不断发酵的怨恨和悬而未决的冲突，改变也是可能的。在我20多年的对话教练工作中，我发现从令人无力的对话模式——强硬对话、讨好型对话或根本不对话——到真正的对话是可以很快发生的。

这一切的关键在于培养一种心态和一些简单的对话技巧，而许多管理者从未在自己的原生家庭或其他地方学到过这些。

首先，请考虑以下这些需要进行我所称的"真实对话"的情形，看看你是否有同感。虽然有些细节可能与你的情况不同，但也许有些主题似曾相识？

- 哈利布是一家开发银行的主任，他需要执行一项董事会已经签署了的、不受欢迎的战略。现在，这项战略已不容讨价还价，但高级股东们拒绝相互协作。哈利布需要他们的意见和建议来推进工作，但每当他提出这个话题时，这些股东都会翻着白眼、抱着双臂谈论实施该战略涉及的风险。

- 丽兹最近加入了一个高级管理团队。团队的领导自诩不是"命令与控制"型的领导，但每次决策都是他在发号施令。当他大声喊出自己的要求时，往往会用拳头猛击桌子，而其他所有主管都会沉默地服从。偶尔也会有反对的声音，但只会响起在走廊里，而不是在会议室里。丽兹希望改变这种会议模式，但又不知如何进行干预。她担心，如果她提出团队氛围的问题，会议室里就会鸦雀无声。

- 卢布纳需要进行一次绩效评估，但她很难与经常缺席的老板交谈。在他们最终完成这次艰难的谈话后，卢布纳说她花了三天时间才恢复过来，因为老板的语气太消极了。她担心这次谈话会影响她的绩效评级，甚至影响她的任期。

- 查理为是否要求公司补发逾期未付的工资而焦虑不安，以至于夜不能寐。他每天都精疲力竭，状态不佳，他的一位同事最近评论说"查理显得很孤僻"。他知道他需要发出自己的声音，但他甚至连为自己争取应得的报酬都不知如何开口。

在上述这些情况下，认识到什么是谈话中真正重要的能帮助我们解决问题。虽然本书中的故事来自我与客户的交流，但我改变了客户的名字、性别等显著的识别特征，并且还加入了新的元素以保守客户的秘密。

文中还穿插了我自己在进行棘手对话中的一些挣扎，以及我是如何学会通过对话来解决这些问题的。我不想仅仅以一名顾问或心理学家的身份来写作；当我自己面对一场艰难的对话（而不仅仅是以对话促进者的身份出现时），我也会心跳加速、手掌发麻、口干舌燥。在感到"对手"（或内心的批评者）扼住我们的咽喉的情形下，如何开口讲话是我这么多年来致力于研究的课题。本书既是个人反思的产物，也是经验和研究的结晶，它将为您提供各种工具，帮助您在一对一情景、团队或更大的团体中共同交流，它不仅涵盖了面对面的对话场合，也包括线上讨论。

为什么你需要阅读本书

许多管理者认为自己不具备处理困难对话的能力。这往往是一个准确的评估，因为他们从未接受过相关的技能培训。这些管理者往往小心翼翼，不想把事情搞得更糟，所以他们会避免棘手的对话。还有一些管理者，因自我评估不准确而夸大了自己的技能水平，他们鲁莽的对话方式往往导致很糟糕的后果，而这份混乱加深了大家认为进行中的对话"太棘手"或"不值得"的信念。

事实上，困难的对话并不一定会导致回避或攻击。谢谢你为本书所花费的阅读时间（和金钱），我希望通过阅读本书你能有以下三个收获：

1. 自信。超过半数的经理人表示，他们更看重是否有信心谈论棘手的话题，如讨论薪酬或解雇某人。超过半数的职场人士表示，他们每月至少要处理一次棘手的谈话，当你最终找到成功谈话的方法时，你的活力和自我价值感都会得到真正的提升。

2. 能力。管理者回避谈论最重要问题的一个主要原因是缺乏诀窍。本书的每一章都有实用的工具，可以帮助你掌握在困难谈话开始之前和谈话过程中应做到的基本事项。你可以将这些可迁移的技能带入你的新项目、新角色之中，甚至当你回家与伴侣或孩子交谈时也可以用到它们。

3. 勇气。许多管理者在面对困难的互动时会感到无力和恐惧。把头伸出自我保护的围墙，说出你的真实想法是有风险的，但保持沉默和把问题推到别处也是有风险的。本书将帮助你培养一种"我能行"的心态，而不是畏首畏尾、踌躇不前，或张牙舞爪、一定要"赢"。

总之，本书将帮助每一位身为领导者的读者在工作中展现更好的自己。通过发展你的对话技巧，通过更真实地展现自己，你将能够以交谈和思考的力量释放尚未被挖掘的潜能。

如何运用本书

"你真是个魔术师！"在中东举办的一场为期两天的领导力工作坊结束时，一位客户对我说。当时，团队中挑战不断，人们可能因为想逃避一些严重的问题而离开。幸运的是，在我们共处的这段时间里，每个人都待在房间里，而我们需要进行的真实的对话就这样发生了。我不是魔术师，但我有一套久经考验的工具，可以破解对话难题。

从第一章开始，每章都包含了供你完成的实践练习，以便你在实践中了解如何讨论真正重要的问题。每一章都以"如果你现在只能做一件事……"结束，以保持简洁。练习既包括一对一的有效对话，也包括小组对话，因为二者所需的技能非常相似。驾驭复杂的个人对话所需的技能对你领导小组对话大有裨益。

前言之后是以下三个部分，共十章：

　　第一部分：基础。这部分包括本书的理论基础以及心理学和领导力研究文献中的有关见解（第二部分中的四大秘密就来源于此），同时，它们也是基于我与世界各地数百名组织中的领导者、管理者和团队多年来所做的工作。虽然本书的重点是企业中的对话，但我有时也会提到家庭和个人关系中的对话。良好对话的原则在各种情况下都是一致的，领导者往往需要处理员工关系中更广泛、更复杂的问题。

　　第二部分：四大秘密。这部分的核心是让真实对话成为可能的四种干预措施。心理学中最大的秘密之一就是，以最少限度的对话为中心的干预措施可以非常有力。它们能帮助你找到内心的稳定点，从而为谈话做好准备；当出现冲突时，它们能架起一座跨越鸿沟的桥梁；"洞察会场的人际动力"能将一群才华横溢的人转变为一个表现出色的团队；"营造对话场域"能让团队整体比每个个体更有智慧。

　　第三部分：付诸实践的对话领导艺术。这部分介绍了领导者为创造持续的变革而需要遵从的核心原则。它展示了领导者如何通过对话这一最便捷的工具，在三个层面（组织、团队和个人）实现使命。

　　下面是每章的简要概述。

　　在第一部分，第一章概述了真实对话为何重要、何时需要真实对话以及真实对话与其他形式的语言交流有何不同。第二章探讨了对话的障碍，包括缺乏时间和诀窍。我将介绍几种对话的定义，从而得出"真实对话"不仅仅是口头交流，更是开诚布公的、能够产生积极变化的对话。

在第三章中，我提出了"容器"的概念，这是创造对话条件的关键因素。这是一个安全、充满活力的空间，能让人们敞开心扉，畅所欲言，而不是进行反驳。你需要注意更多无形的层面，比如你的语气和谈话的氛围，以使不可能的对话成为可能。在第四章中，我将与大家分享如何了解自己的"反应倾向"，从而降低谈话脱轨的风险，并使你能够更有效地应对他人的防卫心理。

第二部分的"四大秘密"其实是四种干预措施，它们能打破思想、情感和行为的固有模式，从而创造出一种正能量的积极流动，支持良性对话的产生。我称这些为"秘密"，因为它们是微妙、细致或未被充分利用的技巧。它们可能是你从不知道的方法，也许你仅凭直觉已经在无意识中使用了它们，而更有意识地运用它们显然会增强你的信心。这些"秘密"可以挖掘某一情境中隐藏的创造潜力，无论是为了达成一致、建立信任，还是发掘新的解决方案。

第二部分的内容包括处理自己的内心对话、与他人对话、团队对话，以及与董事会等利益相关者群体的对话。这一部分讨论了如何应对出现在所有这些不同环境中的棘手对话，还没有其他的任何书籍能够涵盖这么宽广的范围。

对话的弧光从"安住内心"开始，这涉及一些内心的工作——这是所有有效对话的前奏。这可能会让那些喜欢立即采取行动解决问题的成功人士感到沮丧（如果你是这样的人，你可以选择跳到后面的章节）。然而，正如鲍勃·安德森（Bob Anderson，作家、思想领袖和领导力圈创始人）所说："我们的倾向很明确——没有领导意识的转变，就没有组织的变革。"

如果你不能"安住内心"，就有可能重复顺从、挑衅或回避的老套模式。

第二部分的每一章都涉及一个秘密：

1. 秘密一：安住内心——通过管理你的内心对话，通过辨别哪些是真实的，哪些是虚假的，为自己打造一个内心的稳定空间。

2. 秘密二：搭建沟通的桥梁——通过深入倾听他人、灵活变化自己的风格、揭示未满足的需求和真实地表达自己来建立信任。

3. 秘密三：洞察会场的人际动力——注意团队或小组成员交流时的情况，及时引入"缺失的维生素"来丰富对话内容。

4. 秘密四：营造对话场域——创造一个广阔的情感空间，让利益相关者尊重彼此的分歧、化解冲突、坦诚相见，并允许新的可能性出现。

这四大秘密不但涉及的人际交往中的问题呈现出越来

越复杂的趋势，而且每一个秘密都建立在前一个秘密的基础上，要求使用者掌握更高层次的技能，且注意力能及时转移。因此，读者最好按顺序阅读这些章节。当然，你也可以跳着阅读与你最相关的章节（毕竟现实生活中对话本身也并不是呈线性进行的）。

运用这四大秘密要求你同时发展自我意识和系统意识。两者都很重要。当你能倾听自己和整个房间的声音时，当你能感知自己的身体和集体的能量场时，你就创造了一个"容器"，它可以容纳不同的能量。正是这种内在和外在能量的结合，才能促进对重要事情的讨论。虽然这听起来令人生畏，但实际上每个人都可以做到这一点，只要他们肯花时间放慢脚步，在交谈之前和交谈之时调整好自己的状态。

第三部分通过讨论"付诸实践的对话领导艺术"进一步扩充了对真实对话的讨论。在第九章，我重新定义了领导者在这个混乱时代的角色，他们正在从管理者或控制者转变为召集人、催化剂、教练和共同构想者。当领导者愿意以一种一以贯之的、不断反思的态度自然而然地参与对话，一种不同的对话方式就会产生。我将介绍对话过程中的四个关键原则，从而使可持续变革成为可能。

最后，在第十章，我讨论了"关于使命、目的、人生目标的对话"。正如本书副标题所言，有关"使命"的谈话是一个"真正重要"的话题。研究表明，虽然85％的高级经理人和高级管理人员在工作中体验到了使命感，但只有15％的一线管理人员做到了这一点。这种"个人使命上的等级差距"显示出巨大的未开发的潜力。有了意义和使命，人们就会团结一致，创造不同。然而，讨论使命可能很棘手。有些人愤世嫉俗，有些人不屑一顾，这使得很多领导者不知道从何谈起。本章将介绍一些围绕使命进行对话的工具，让日常工作变得充满活力。

本书的创新之处

在我之前的两本书中，我曾详细论述过对话；而在这本书中，我又有了新的论述。在我 2012 年出版的《沟通的力量》（*How to Have Meaningful Conversations*）一书中，我较少关注工作场所的对话，而更多地讨论了个人家庭生活的对话情况，例如与情感疏远的家人交谈、协商修改遗嘱，以及结束不愉快的长期关系等。那本书的核心观点是要想提高幸福感，一定要增强对于谈话的自信心。

从那时起，也许是为了应对新冠疫情后人们对与陌生人交谈日益增加的焦虑情绪，有关聊天的新闻开始流行起来。"巨型超市开设'慢车道'，让孤独的顾客可以停下来聊聊天"是 2021 年一则新闻的标题，报道的是荷兰一家超市为有时间聊天的人开设了新的"聊天收银台"。

对话已成为《英国心理学会研究文摘》（*Research Digest of the British Psychological Society*）中阅读人数最

多的主题之一，该文摘已发行 20 多年。其中一项 2023 年的研究发现，每天只要能与朋友进行一次"高质量对话"，就会让人们感到更快乐、压力更小（"高质量"意味着完全投入地倾听、关心和重视别人的意见）。

在我 2020 年出版的《使命驱动》（*Powered by Purpose*）一书中，我探讨了如何使对话成为改变日常工作的关键，从而使日常工作变得更有意义。我们的集体观念向来认为，生活的目的就是尽可能地让自己快乐，但已有越来越多的证据表明事实并非如此。对此，我讨论了领导者如何激发他们的员工去做"伟大的工作"，即以一种有助于长期幸福的方式为人类和地球做出贡献。除了真实对话的能力之外，我还描述了其他三种能力：培养领导者安住内心的能力、吸引利益相关者的能力和有目的建立联系的能力。

虽然身心健康和目标感对于拥有"美好生活"都很重要，但它们只是故事的三分之二。最新的心理学研究揭示了"美好生活"的另一个层面，一个经常被忽视的方面。这个额外的领域指的是那些没有让我们眼前一亮或感觉有意义的经历，但它们通过新颖、复杂、出人意料和改变视角的方式来深化和拓宽我们的生活。

"心理丰富性"是对这第三块拼图的描述。有价值的人生经历——例如进行一场棘手的对话——可能不会给我们带来巨大的乐趣，甚至看似没有意义，但它们却能让我们成长，因而是宝贵的。这种人生取向——努力应对复杂的、不确定的、改变视角的事情，以让我们变得更加成熟——就是本书的主题。

近年来，心理学家更加关注"是什么让个人和社区蓬勃发展，而不是萎靡不振"。在此之前，心理学家们更关注心理缺陷和精神疾病。马丁·塞利格曼（Martin Seligman）经常被誉为这一新运动的奠基人，用他的话来说就是："积极心理学可以带你穿越快乐和满足的乡村，体验充满力量和美德的高地，最后达到由成就感、意义感和目标感铸成的顶峰。"一段艰难的谈话也同样会带你进入一个丰饶而肥沃的山谷。这个过程中，下坡可能令人恐惧，但也令人振奋；可能令人紧张，但也令人感到滋养；可能令人肌肉紧绷，但也因此令人变得强壮。培养自己面对困难对话的能力，是一段充满力量的旅程。

目　录

PART ONE

第一部分
基础

第一章
对话为何重要

———

在新经济时代，对话是最重要的工作形式。

——艾伦·韦伯（Alan Webber）

真实的对话很少发生。在团队和组织中，更常见的是仪式化或被动式的互动，这种互动很少能促使新的想法产生。真实的对话，即人们坦率交谈和有效地聆听的对话，能揭示出意想不到的可能性。它在某些情况下有用，但在其他情况下并非如此。对话能让领导者找到解决棘手问题的新方法，让团队有能力处理冲突。将困难的交谈转化为创造性的交流，人们就能共同找到解决困难或应对复杂挑战的方法。

对话是一个常用词——例如，联合国峰会对话或达沃斯会议对话——但这些所谓的对话很少是真实的对话。真实的对话能让人们互相理解，并感觉比开始交谈前更清醒。比对话更常见的是连篇累牍的独白或充满敌意的争论，无论是关于人工智能、全球健康危机（如最近的新冠疫情）、变性问题或移民问题。根深蒂固的思维方式、僵化的立场和喋喋不休的谩骂甚至扼杀了共同开展富有成效的对话的可能性。

就拿气候变化来说吧。我们都很熟悉怀疑论者和积极分子之间的对立，但积极分子之间"互相拆台"的"内斗"正在阻止可持续解决方案的出现。偏激的意见、僵化的立场、互相谩骂和对"赢"的关注，阻碍了我们中一些最优秀的人才携手合作，共同应对所有人都面临的生存威胁。人类前进的关键——不仅仅是关于气候变化，还有我们面临的所有关键性、系统性的重要问题——不是停止辩论，而是找到使辩论更有成效的方法。

正如人们经常指出的，沟通能力是领导者需要具备的关键技能。最近一本关于英国前首相鲍里斯·约翰逊（Boris Johnson）的书披露，他的主要缺点之一是"长期以来无法应对困难对话"。不过，不只是政治家才需要这些技能。无论组织是大是小、是公共还是私营，若其领导者、管理者和团队成员能在人们埋头不语而非畅所欲言的情况下进行有效沟通，他们都会在这个过程中受益匪浅。

领导者如果缺乏对话能力，事业就会偏离轨道。这方面的技能是一个被低估的成功要素。这就像足球比赛中的"六分球"，即联赛排名相近的两支球队之间的比赛。在"六分球"比赛中，结果尤其重要。因为获胜的球队除了为自己赢得三分之外，还能让实力接近的对手失去三分。如何处理困难的对话是企业的"六分球"。对话技巧——无论是关于重要的日常话题还是关于具有挑战性的话题——是决定你的职业生涯、团队组织甚至政府成败的核心因素。

领导者们逐渐意识到，缺乏应对困难对话的技巧会对企业造成严重影响。失去一位高级管理人员（因为他们没有得到所需的反馈而没有改变行为模式）或失去一位宝贵的客户（因为你无法与他分享一些坏消息），这就是在压力下无法交谈的高昂代价。一支被"大喊大叫""以沉默对抗"或"为了维持和平而屈服"所困扰的团队是要付出代价的。其绩效和福利都会受到影响。

在这个充满愤怒、两极分化和"后真相"的时代，真实的对话非常缺乏。工作中的愤怒情绪正在积累，尤其是在英国。盖洛普公司 2023 年的数据发现，每五名英国专业人士中就有一人在工作中感到愤怒，占总人数的 19%，这个比例比调查者对"昨天是否有这种感觉"的回答上升了 4 个百分点。全球平均愤怒水平为 19%，欧洲平均愤怒水平为 14%。虽然不清楚为什么愤怒水平会上升，甚至可能是螺旋式上升，但如果不找到健康的发泄方式，愤怒就不会消失。

当今的"VUCA"世界——"VUCA"指动荡（Volatile）、不确定（Uncertain）、复杂（Complex）和模棱两可（Ambiguous）——已塑造了商界和政界的新常态。要满足 VUCA 环境的要求，就必须提高日常工作以及管理和领导的水平，而对话艺术的开发正是为了适应这一要求。

现在，应对具有挑战性的对话已成为培养 21 世纪领导者的高管教育课程的一部分。在斯坦福大学商学院的工商管理硕士课程中，学生们会进行角色扮演，例如如何裁员、如何拒绝大投资者不请自来的无益建议，以及如何在面试中应对各种挑战、如何面对喧闹的记者等。在牛津大学赛德商学院向全球各地的首席执行官们教授对话技巧时，我亲身体验了高层领导者想用更加以人为本的沟通方式来吸引利益相关者的强烈愿望。

命令和控制式的领导方式更多的是在唱独角戏，而不是进行对话，这在许多组织中已不再奏效。人们越来越反感英雄式的领导及其小我的需求。那些只想建立自己的商业帝国的人越来越难以获得支持。以下是个极好的例子：2020 年，菲利普·格林（Philip Green）爵士的阿卡迪亚零售集团（其旗下有 Topshop、Wallis 和 Burton 等多家品牌）轰然倒塌，员工们对格林的恶劣行径提出了大量投诉。

在越来越不能容忍"我才是老板"式领导的同时，人们也越来越希望利用集体智慧来解决我们社会所面临的多重系统性问题。处于团队工作、团队协作和"集体领导"模式（集体领导意味着从固定的等级制向动态的等级制转变）核心的是富有成效的对话。在共享式的领导模式中，领导者邀请利益相关者共同制定战略、解决运营问题或商定未来方向。例如，雀巢公司在其"表层之下"（Beneath the Surface）活动中邀请公众参与对话，共同讨论他们在环境社会治理方面面临的困境：如何实现棕榈油 100％ 来自可持续来源的目标。

21世纪的领导者必须投入足够的时间，与工作伙伴建立合作的氛围。当今时代，尽管科技在飞速进展，但领导者实施的各式转型计划的失败率仍然居高不下——无论转型是针对业务模式、客户体验还是办公室内的人员调配。研究发现，领导者如果能在变革的过程中将理性与感性相结合，例如，共同探讨变革的必要性，聆听负面的情绪，并创造让人们畅所欲言的安全空间，就能将成功的可能性大幅提高——从28％提高到78％。在新的企业环境中，个人和企业的对话技能比以往任何时候都更重要，而本书的案例就来自企业前沿。

真实性为何重要

驾驭困难对话的核心是要敢于讲真话、确保人际关系透明以及能容忍差异。这些特质也是真实的领导者的特征。真实并不是某些领导者拥有而另一些领导者没有的特质，而是一种可以学习的领导方式。

同样，真实对话的技能也是可以培养的。尽管"真实的领导力"作为一个概念仍在形成之中，有许多强调不同特质的定义，但有明确的证据表明，真实的领导者是更有效率的。真实的领导力的好处包括提高幸福感、更有效地解决问题、更好的团队合作和提高员工敬业度。

真实的领导力和有效对话的根基是以下四个共同的主题：

1. 自我意识——准确了解自己的长处和短处，对自己有积极、自信的看法，同时兼顾谦虚和自我调节。

2. 人际透明度——通过袒露内心真实想法以及言行一致的行为，培养相互信任和协作的关系。

3. 对不确定性和差异的包容——聆听不同的、甚至是相互冲突的观点，借鉴他人的意见，并在适当的时候给予他人肯定。

4. 强大的道德感——行为要有原则，有正确的行动意识，在面对损害诚信的压力时要表现出勇气。

任何一个领导者，只要愿意更多地袒露自己的真实面目，愿意摘下领导者的面具，就能创造一个让人感到可以敞开心扉的环境。没有真实感，就不可能进行成功的对话。

什么是真实的对话

我们说话的能力常常被认为是人类的一个重要特征。随着聊天机器人的兴起，这一假设正变得值得怀疑。即使机器也能学会说"乐意效劳"和"您觉得这样可以吗"，而且它们不会像我们人类一样暴躁易怒。

劳拉·普雷斯顿（Laura Preston）花了九个月时间充当房地产业聊天机器人的替身，她在一篇精彩地记录了她这一经历的文章中描述道，当叫作"布伦达"的聊天机器人将她无法理解的信息标记为"人类错误"时，她是如何介入以缓和与"潜在客户"的交流的。她和其他六十名操作员的工作就是发挥布伦达所缺乏的能力：直觉、表达能力和对交流中更微妙信息的敏感性，让潜在客户相信他们是在与人类交流，从而最大限度地提高预约看房的可能性。事实证明，使我们成为真正的人类的，并不是我们的谈话能力，而是沟通中更微妙的方面——感受、聆听、联系和理解对方——尤其是在遇到"人类错误"或棘手的话题时。

在离婚的经历——这个生活能给予我们的最困难的打击中，我亲身了解到了对话所带来的不同。结婚七年后，我和我前夫意识到生活正在把我们带向不同的方向，而分手是最好的方式，这样我们都可以沿着各自的轨道生活下去。但在我成长的家庭里，冲突要么被掩盖在地毯之下，要么对年轻的我来说是极其可怕的经历：当情绪如潮水般涌来，心中的恐惧肆虐，如何进行对话成了我面临的巨大挑战。虽然缺乏指导，但我和我的前夫还是在这段最艰难的时期成了朋友。15 年后的今天当我回想起这段经历，我发现我们之所以能一直保持朋友关系，是因为我们能够谈论真正重要的事情：我们关系的变化。

这次经历告诉我，困难的对话有可能带来变革。一次具有挑战性但开诚布公的谈话实际上可以拉近人们之间的距离，而不是将人们推得更远。

真实的对话与许多企业规范背道而驰："解决问题"的

目的让我们倾向于提出建议，而不是提出问题；对"彬彬有礼"的讲究让我们停留在交流的表面，而不是谈论问题的核心；对立的心态让我们咄咄逼人地表现出"优势"而不是保持低调和谦逊；快速回应的习惯让我们无法放慢脚步以进行更深入的探讨。

全神贯注地关注他人是一种难得的天赋，但对于对话却至关重要。安住当下、认真聆听、坦率直言、尊重差异、暂缓评判，这些都是真实对话的标志。当我们带着更多的好奇心而不是预设的信念进行对话时，也会有所帮助。一个开放的、没有伪装的头脑会问："我在这里忽视了什么？对方的真实与我的真实有何关联？有什么更大的背景能够兼容并蓄这些不同观点？"真正的对话是轻松的，即使一开始感觉很笨拙，但坦诚地表达自己以及看到更大的世界会带来轻松感。正如美国作家、教育家和活动家帕克·帕尔默（Parker Palmer）所写的那样："人类的灵魂并不想被修正，它只想被看到和听到。"

对话，尤其是关于困难问题的对话，只有在不是为了"赢"，而是为了共同探索和发现的情况下，才是真实的对话。"我参与就是为了赢"的心态会导致言辞激烈的交锋，让一些人觉得自己是输家。与此相比，真正的对话在当下和事后都会带来多方面的益处。它能带来关系的更新、问题的妥善解决和方向明确的决策，更不用说蓬勃发展的团队和出色的董事会了。

表达自我的欲望是人类的本质。虽然我们中的许多人羞于，甚至厌恶进行袒露自我的谈话，但在内心深处，我们渴望被了解，渴望被别人尊重和聆听。这种想要展现自我的冲动，如果能与坦诚对话的工具相结合，就能克服在讨论晋升、不当行为或业绩不佳时的束手无策感。真实的对话能让我们走出困境，帮助我们找到自己在万事万物中的独特位置。正如乔治·桑法肯（George Sanfacon）所写，真实对话"是一场唤起和呈现人类精神的对话"。

从独白到对话

对话不同于其他语言形式的互动。了解这一点有助于帮助功能失调的团队和小组快速解决问题，在当今高度互联的世界中，这种功能失调尤其容易造成问题。如今，领导者面临的问题过于复杂，任何一个人都无法独自解决。制定可持续的商业战略、清理供应链、在全球市场上招募最优秀的人才等挑战，也并不局限于一个国家的边界或一个组织部门的边界之内。要解决这些问题，需要众多利益相关者以前所未有的方式共同思考和讨论。

华威商学院的研究人员基思·格林特（Keith Grint）和克莱尔·霍尔特（Clare Holt）将当代领导力定义为"让社区面对复杂的集体性问题的艺术"。他们注意到，人们越来越反感英雄式的领导，同时，对集体式或分享式领导方式以及合作式工作方式的兴趣与日俱增。

尽管这种新的领导方法有可能引领"普遍的未来",但格林特和霍尔特也强调了当前的现实:合作伙伴关系往往难以发挥作用;许多组织仍然在传统的等级制度基础上运作;"命令—控制"的决策方式虽然不受欢迎,但很少被任何明确的集体决策机制所取代。

最佳的领导风格是因人而异的。例如,一个有效的领导者在领导一个年轻的团队时,最好采用"命令—控制"的方式。对于经验丰富、头脑灵活的队员,则可以放手让他们自我组织。我曾指导过一些高绩效领导团队,团队领导者曾对我说:"我们不是要从不错走向优秀,而是要从优秀走向卓越。"这些领导者发现,让团队成员自我组织工作流程往往更有效。

因此,真正的技巧在于根据所面临的情况决定与之相应的领导风格。这就是所谓的"情境式领导"。尽管如此,在一个摆脱了"命令—控制"型领导风格,努力实现更公正的、由集体决策的团队中,真实对话仍能发挥其作用。与我共事过的许多领导者——不仅是企业领导者,还有非政府组织、政府部门、学校和非营利组织的领导者——都分享过让员工接受集体式领导是多么困难。他们的评论包括:"他们太习惯于命令和控制,不知道有更好的工作方式。""我的团队在被建议而不是被告知该做什么时感觉很不舒服。""我的一些直接下属说:你是老板,告诉我们如何做就是你的职责。"

虽然我同意集体式领导是一个难以"破解"的难题,

但作为一名曾见过足够多的成功例子的领导力顾问，我也知道这种形式的参与是绝对可能的。当整个团队充分参与到有关棘手问题的真实对话中时，利用集体而非个人的领导力素质，能创造出令人惊喜的成果。

真正的领导者明白，每个人都是拼图的一部分，而创新思维正是在不同观点的碰撞与融合中产生的。他们知道如何通过凝聚人心来使团队团结，他们能将停滞的能量转化为更大的活力，也能够将队员们零散的思维转化为连贯的前进方向。

简而言之，这些领导者有能力获取周围人的集体智慧，创造新的可能性，无论他们的任务是确立共同目标、新的战略还是制定十年愿景。而做到这一点的唯一途径就是开展对话。

正如我在上一本书《使命驱动》中所述，对话不同于其他形式的语言互动。图 1－1 中的交谈的类型就是理解这种不同的一种方法。

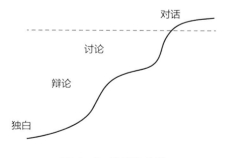

图 1－1　交谈的类型

在上述交谈的类型中，从最简单的语言互动形式——独白，到最熟练的语言互动形式——对话，这其中的任何一项互动模式都不是"坏"的，它们都有自己的位置。互动模式处在交谈的类型中越靠上的位置，需要人们掌握的沟通技能就越多。交谈的类型是累积的，梯度越陡，表示会话所要求的技能越复杂。这四种互动模式分别是：

独白。这是一种一个人说、其他人听的交流方式。当领导者需要向众多听众传递信息时，这可能是一种有效的沟通方式。但是，在团队会议中，如果独白时间过长，其他人就会放弃聆听和参与。

辩论。指一个人坚持自己的观点，而另一个人针锋相对地提出相反观点的交流方式。虽然这种沟通方式可能会让人斗志昂扬，但也可能会让双方争吵不休，从而让"赢"或"打倒"对手成了首要任务。

讨论。强调个人观点的对话。人们试图说服对方相信自己的立场，并往往会认同自己的观点，尽管这种认同并不理智。人们往往是喋喋不休地坚持自己的观点，而不是互相交流。"讨论"（discussion）一词与"打击"（percussion）和"震荡"（concussion）有相同的词源，都含有"分裂"或"崩溃"的意思。虽然讨论有助于就一个明确的问题或在时间有限的情况下做出决定，但在遇到困难的话题或复杂的议题时，讨论往往会出现问题。人们经常会感到精神或情感上，甚至社交关系上的分裂和崩溃，不知如何以令人满意的方式摆脱困境。

对话。一种人们在一起交谈和思考的有意义的对话方式。"对话"（dialogue）一词源于希腊语 dialegein，dia 意为"通过"，legein 意为"说话"。对对话词源的其他解释强调，对话关乎"意义的流动"：logos 是"词"或"意义"。对话是意义在自我或群体中的流动。它通过试图建立共同的理解而不是完全的一致来激发和改变人们。当问题是常规性的或很好理解的时候，对话就没有那么有用或必要了。对话对于解决那些有多种观点却没有明显解决方案的复杂或有争议的问题非常重要。通过了解话语背后的思想来源，包括你自己的思想来源，协作行动的新可能性就会浮出水面。然而，对话需要时间，需要一个"容器"或支持性的环境，在这样的环境中，人们可以找到自己的声音，相互聆听，加深对共同创造的意义的理解。

在交谈的类型的示意中有一条虚线，代表着到达对话前需要跨越一个门槛。大多数团队都知道如何进行独白、辩论和讨论，但却很难进行对话。毕竟"两个人的独白并不能构成一次对话"。

对话不同于其他语言互动形式。正如戴维·伯姆（David Bohm）所写的那样："在对话中……没有人试图获胜。对话的精神不在于输赢。在对话中，没有人试图赢得分数，也没有人试图让自己的观点占上风。"

对话与讨论、辩论或连续进行的独白有三个不同之处。

你可以利用以下这些"标志"来"洞察会场的人际动力"（更多内容请参见第七章），并提醒自己是否真的在进行创造性的交流。对话应该是：

反思性的。对话的速度较慢，而且包容了不同视角的观点。对话者不会迷失在丛林中。他们会"抬头向上看、向外看"。他们会看到更大的背景，并理解零散的观点也可以组合在一起。当人们能够注意到无形的东西，意识到自己内心的想法和感受如何影响他人和周围的世界时，这种情况就会发生。

创造性的。对话让你感觉更加清醒。它并不总是舒适或"美好"的，但却让人感觉"真实"。当人们变得更加"在场"时，新思维就会取代习惯性的反应和固守的立场。人们会获得单靠一个人的思考无法获得的洞察力。当人们能感知到某种情况蕴含的可能性，并且大家的感知趋于一致时，他们的想法和行动也会更有凝聚力。

充满活力的。对话有一种"流动"感。在个人分享他们观点的过程中，某种共同的理解会产生。对话不再是自动驾驶，不再是凭记忆和老套的方式进行。在这种氛围中，人们的思维模式会发生变化，人们关注的是正在此时此刻发生的实际情况以及未来可能发生的事情。房间里有一个丰富的能量交流"场"，甚至有一种同舟共济的感觉。随着人们增大他们可以接受和寻求的"带宽"，新的创造性行动就成为可能。

对话是一门艺术，也是一种可以学习的技能。更重要的是，对话技巧不仅适用于领导企业团队的高级管理人员，也适用于所有管理人员和领导者，无论是在商业机构、政治组织还是非营利部门。我们面临的挑战太艰巨，时间太紧迫，而我们体内蕴藏的、等待我们去发挥的人类能力太丰富，所以，我们不能允许自己继续陷入独自思考或独自工作的陷阱之中。强化我们参与对话的能力对所有人都有好处。

如需对此话题进一步思考，请参阅练习 1——交谈的类型。

练习 1 ◾ **交谈的类型** ◉

想想你所在（或领导）的团队或小组。回顾关于交谈的类型的讨论，思考这些问题：

1. 你们团队的重心在哪里？你们主要是在进行独白、辩论、讨论还是对话？

2. 在需要进行对话的时候，怎样才能推动对话产生？

3. 怎样才能让你们的对话更具反思性、创造性和活力？

例如，你可以留出一些时间，在没有设定议程的情况下自由交谈。你可以鼓励大家带着问题来参加会议，以营造好奇的基调。你或者其他人可以先拟定一个讨论的话题，然后请团队成员分享对他们来说印象最深刻的内容。

建设对话文化

过去十年来，关于在组织中创建教练文化的讨论不绝于耳。这与建立对话文化密切相关。企业文化的一个简单定义是"某个企业的做事方式"。企业教练文化的主要特征是创造一种每个人都能最大限度地发挥自己的潜能的工作环境：在这种环境中，无论领导或员工的默认风格都是教练式的，团队里的每个人既能得到支持，又会遭遇挑战，但其目的都是为了提高自我意识和主动性，从而实现工作目标。

受到这一表述的启发，我将对话文化定义为"一个创造性对话而不是被动反应发生的地方"。在这里，人们摒弃陈腐的行为和僵化的立场，可以放心地畅所欲言，讨论问题。团队讨论真正重要的问题。领导者为建立共识"留出空间"。他们以身作则，用心聆听、真实发言、尊重差异、暂悬假设，从而找到共同点。

无数企业和整个世界都渴望这种转变。播客"其他的都是政治"（"The Rest is Politics"）的点播量在英国经常占据榜首，它的成功反映了在一个充斥着回音室效应和文化分歧的世界里，人们对讨论重要问题的渴望。主持人罗里·斯图尔特（Rory Stewart）和阿拉斯泰尔·坎贝尔（Alastair Campbell）于 2022 年 2 月推出了该播客，他们举办的现场活动门票售罄的速度之快经常创造新的纪录。

坎贝尔和斯图尔特在反思他们出人意料的成功时，认为主要原因是他们的基本原则——"同意他人提出不同意见"。这营造了一种充满活力、引人入胜的氛围。斯图尔特身为"右派"，而坎贝尔是名"左派"，身份的差异让他们的对话跨越了传统的政治鸿沟。而大多数公共空间（和组织）中的交流都是呆板、陈旧和照本宣科的。正如斯图尔特和坎贝尔所说，"聋子间的对话"无处不在。如果人们坚持固定的立场和照本宣科的谈话方式，就不可能实现任何变革。

我们还剩下什么

我们无法谈论真正重要的事情，在家庭、组织甚至国家层面都是如此。家庭和组织生活的一个显著悖论是，一群人在一起待了那么久，却从未真正交谈过，也从未相互了解过。这不仅引起了沉默、孤立、权力斗争和地盘争夺，更糟糕的是，它还不可避免地带来了空虚的生活。

社交媒体的兴起使我们更不善于进行艰难的对话，而非增加了我们对话的丰富性。尽管网络平台 X（前身为 Tweeter）被推特创始人和埃隆·马斯克誉为世界的城市广场，但事实证明这是错误的。克莱因（Klein）在《推特背后的巨大妄想》（*The Great Delusion Behind Twitter*）一书中写道："推特让人们很容易以糟糕的方式讨论棘手的话题。"由于只能发布 140 个字符，一口咬定的直言不讳挤掉了人们更细致入微的思考；推特的引用功能促进的是嘲笑而不是对话；获得更多"点赞"的动力驱使人们的意见走向两极分化；负面评价和网络暴力吸引了我们的注意力，而不是加深了我们的思考；冲动的直觉反应取代了冷静的深思熟虑。克莱因总结道："文明并不取决于聚集的场所。它取决于人们聚集在一起时发生了什么。"

如果我们不能克服那些让我们不能一起进行深层对话的诸多原因，我们就有可能像科幻小说《机器停转》（*The Machine Stops*）中的社会一样走向灭亡。在这个由 E. M. 福斯特（E. M. Foster）于 1909 年创作的故事中，人类生活在与世隔绝的地下，依靠一台巨大的机器来满足他们所有的物质和精神需求。在这个令人不寒而栗的前瞻性故事中，人们通过即时通信和视频会议的形式进行交流，表达上的细微差别变得无足轻重。交流的微妙本质已经消失殆尽，"就像为地下居民生产水果的生产商忽视了葡萄藤绽放出来的花朵一样"。在故事的最后，机器停转了，人类也随之崩溃，但在此之前，人们开始意识到，我们与自然世界以及人与人之间的联系才是真正重要的。

"当系统崩溃时，我们还剩下什么？"奥托·夏莫〔Otto Scharmer，美国学者，自然流现研究所（Presencing Institute）创始人之一〕问道。夏莫正确地指出，我们所剩下的是彼此，我们的关系，以及我们与大自然母亲的关系。我深信，我们能够利用所有这些宝贵资源的根本推动力是一种至关重要的能力：我们愿意并有能力将困难的对话转变成真实的对话。

⫻ 本章小结 ⫻

1. 对话是一个被过度使用且经常被误解的术语。并不是所有的语言交流都是对话。

2. 对话发生在人们一起交谈和思考的时候。无论是在一对一的场合，还是在更大的群体中，对话都能推动意义的流动，产生共同的理解。

3. 对话需要真实性。与组织中的典型会话相比，对话更具反思性、创造性和活力。

4. 艰难的会话需要对话。有了对话，就会产生新的想法和意想不到的可能性。

5. 要将对话从独白、对立性的辩论或激烈的讨论转变为真实的对话，就需要扩展我们的技能。

6. 真实对话是一种适合当前动荡时代的领导方式。与"命令和控制"的方式相比，它提供了更多合作和共同创造的机会。

7. 如果我们要解决社会面临的复杂的系统性问题，个人和企业的对话技巧就比以往任何时候都更加重要。

如果你现在只能做一件事……让真实对话成为你的目标。这意味着让对话成为你与对方共同创造的成果。请注意两个方面：如果你容易说得太多，那就收回你的话。把注意力集中在其他人身上，聆听他们的发言，然后在发表自己的意见之前，总结一下你听到的其他人的发言。练习一下这个句型："你好像在说……"如果你发现有人过于强势，可以试着说说"我想知道其他人在想什么？让我们听听其他人的想法"，以此鼓励在场的其他人发表意见。

第二章
是什么阻碍了我们交谈

如果不是为了减少彼此生活中的困难，我们活着还有什么意义？

——乔治·艾略特（George Eliot）

有才能的领导者和管理者往往会回避或搞砸困难的谈话，然后为错失良机而懊悔不已，这一现象屡见不鲜。毕竟，大多数管理者都没有接受过关于如何交谈的培训，更重要的是，没有接受过关于如何聆听的培训。在任何团队或组织中，谈话都是一项至关重要的活动。通过交谈和共同思考，人们不再陷入困境止步不前，而是能够为团队、组织或社会解决问题。如果你是一位在重要对话中举步维艰的领导者，那么了解是什么阻碍了你谈论棘手的问题，然后努力克服这一障碍，必将对你有所帮助。本章详述了对话中的六大障碍以及在克服障碍的过程中伴随的小小"胜利"，了解它们可以让你开始提升真实对话的技巧。

以下是我收到的一封电子邮件，它代表了我经常收到的典型请求：

亲爱的莎拉：

希望你一切都好。我想知道你能否帮助我？

我知道你是一名职业心理学家。谷歌告诉我，"职业心理学家"研究的是工作环境中的人类。他们研究人作为个体以及在群体环境中的行为方式，然后利用他们的研究成果为公司解决问题。

你们的网站提供了这方面的信息，我想你们或许可以帮我看看我的情况。我预计将来我可能与我的团队发生冲突，甚至现在已经看到这个问题正在发生。也许我面临的挑战是，我不知道我的问题到底在哪里？我正在试图理解和预测可能出现的负面后果，以免我的同事们让我措手不及。

未来几年我们在商业上会很困难，我需要确保我的团队不会四分五裂。我们之间的沟通至关重要——而我们都是远程工作者，这就更加剧了这一问题。如果我的高级管理团队（SMT）成员们关系紧张、性格不合，那么在巨大的工作压力下团队难免溃瓦解。

我明白，更好的对话将帮助我们减少压力，但目前团队正面对多重挑战。有的团队成员一言不合就恨不得扔手榴弹；有些人高深莫测，我永远无法真正了解他们在想什么；还有一些人非常需要别人的肯定，而他们的交流方式有些扭曲；还有一些人看上去善于聆听，但实际上并没有听到别人在说什么，因此他们无法理解自己的行为在下一个阶段会产生什么后果。

我想更好地了解他们每个人的潜力，以及如何支持他们在自己的岗位上茁壮成长。培养进行艰难对话的能力在其中发挥着核心作用。我希望团队在未来能够保持凝聚力，而不是回避棘手的话题，或者因这些话题而满面愁容、唉声叹气。

请原谅我说得太外行，如果你能帮助我了解这个问题，我将
不胜感激。我想和你进行对话，以便了解你对此事的看法。我们
什么时候能聊聊？

诚挚的问候，

阿玛尔

这可能只是一份相当外行的情况汇报，但阿玛尔的说
明却道出了他的团队需要有效对话的原因。他意识到无法
进行艰难对话的代价，也意识到能够进行对话的好处。他
愿意毫不退缩地面对当前的现实。他并没有慌乱地解决他
的团队问题，没有急急忙忙寻找一个可能最终会落空的解
决方案。

并不是只有阿玛尔一个人在这种困境中挣扎，我们稍
后将回到阿玛尔的故事。我观察过许多不同规模和不同行
业的企业组织中的领导者和管理者，他们都面临着沟通方
面的挑战。以下是我多年来经常听到的一些评论：

我们可以交谈，但不能对话。

我们倾向于谈论彼此，而不是彼此谈论。

我们所做的一切就是聊天！

人们交谈并不意味着他们在交流。有句老话说得好，
各说各话并不构成对话。在二十年的团队教练生涯中，没

有一次会议不让人得出这样的结论："这一切都与沟通有关，真的。"

既然许多管理者都知道更好的沟通会带来不同的结果，那么为什么困难的对话会如此普遍呢？此时，你不妨完成练习2，思考一下困难对话对你意味着什么。

练习2 ■■ 什么是困难的对话？ ◀

1. 你认为什么是"困难的对话"？（例如，拒绝别人的请求、处理不满情绪、处理敏感的个人问题。）

2. 当你想到要进行困难的对话时，你的身体会发生什么变化？（例如，心跳加速、手心出汗、胃部痉挛等。）

3. 在困难的谈话中，包括你自己在内，人们会有什么表现？（例如，沉默、大喊大叫、泪流满面、生闷气。）

4. 如果对话进展不顺利，会有哪些风险？（例如，工作情况恶化、团队成员离开。）

5. 如果对话进展顺利，有什么好处？（例如，晚上睡得更好，工作效率更高。）

以下是领导者在工作中容易遇到的六种障碍。了解是什么阻碍了困难的对话，就能找到对话的方法。我在下文中给出了一些小技巧，本书的其他部分还有更多类似的技巧。

障碍 1："我没有时间"

最近，一位首席执行官对我说："人们被淹没在工作中。"她的团队一直在扮演"救火队长"的角色——他们既要处理紧急但不重要的事务，又难以抽出时间处理重要但不紧急的事务。许多会增加价值的对话都属于后一类，包括：阐明一个有感召力的组织使命、确定一个团队的绩效指标或改善与非执行董事等重要利益相关者的关系。

没有时间进行困难的对话的一个讽刺之处在于，它使没有时间对话的恶性循环永远持续下去。我们可以从各公司对表现不佳的员工的处理案例中清楚地看到这一点。"未来基金会"受全球咨询公司 SHL 委托，对美国、英国和印度等七个国家的 700 名管理人员进行了调查，以了解"人员管理不善的隐性成本"。他们发现，美国的管理人员每年用于处理业绩不佳的员工的时间为 34 天。在规模较大的组织（营业额超过 850 万美元）中，这一数字上升到每年 41天。这浪费了大量的时间。试想一下，每年七八个星期的时间和精力可以用来做什么呢？你会不会终于有时间撰写战略文件、参加领导力提升会或与团队共度休闲时光了？

这可能有悖直觉，但投入到困难的对话中会让你获得更多的时间回报。请看表 2-1，这是我和克劳斯·斯普林伯格博士（Dr. Claus Springborg）在工作中共同开发的：

表 2-1　用于对话的时间与因缺乏对话而耗费的时间对比

用于对话的时间	因缺乏对话而耗费的时间
与团队成员建立友好关系 设计良好的会议日程 创建伟大的成果 准备材料	管理来自团队成员的阻力 处理团队内部的冲突 消除领导与团队成员之间的误解 浪费时间 应对挫折 面对业务停滞 管理心怀不满的利益相关方

　　用于对话的时间（第 1 栏）明显少于因缺乏对话而耗费的时间。不进行对话的代价更难被察觉，但从长远来看代价更大。要创造一些对话的动力，请参阅练习 3——找时间对话。

练习 3 ■┓　　　　　　找时间对话

　　如果你很难抽出时间交谈，请自问以下问题，以调动你的动力：

　　1. 我到底想改变什么？

　　2. 无论我当下的感受如何，我能为改变这种情况做出什么贡献？

　　3. 是什么妨碍了我找时间聊天？

　　4. 其他人在制造什么障碍？

　　5. 我该如何克服这些障碍？

思考你的答案。从你的回答中找出你可以立即付诸行动的一项，马上做出改变。

障碍 2：有些人你无法与之对话

一家店铺遍布英国的大型零售机构的学习与发展总监最近对我说，他可以把机构中所有的领导力问题都归结为一个原因：不愿或不能进行困难的对话。

究其原因，是人们普遍认为团队中有一个"难搞的人"，让人无法与之进行对话。也许你马上就会想到你公司中的某个人？也许你的团队中就有这样的人，他爱提反对意见、脾气暴躁、爱惹是生非？他可能是你经常迟到的老板，也可能是习惯发表不当言论的同事，还可能是阻挠对话的供应商。

如果不加以解决，就会有几种危险。比如参会者的目的变成了不要惹恼那个人；比如团队成员对缺乏进展感到沮丧；又或者人们只说闲话，而不讨论真正重要的事情会让会议气氛变得诡异。心理学上有一条原则："你关注什么，就会放大什么。"如果我们背后说人闲话，别人也会背后说我们闲话。如果我们抱怨，别人也会抱怨。如果我们脾气暴躁，别人也会对我们失去耐心。

与其把注意力放在"难相处的人"身上，不如把注意力放在自己的内心世界。虽然有些人确实不尊重人、易怒或爱搞破坏，但你无法改变他们；你所能做的就是"保护自己的一方净土"。如你需要这方面的帮助，请参阅练习4——与难相处的人打交道。

练习4 ■ 　　　　**与难相处的人打交道**　　　🔵

想一想你觉得棘手的某个人"X"。

1. 注意你对 X 所持有的看法。这种未经审视的内在评论会自动运行。请带着觉知把它带到阳光下，扪心自问我把 X 想象成什么样的人了？例如：

- 一位麻烦制造者——他阻挠我实现我的想法，因为他想按自己的计划行事。
- 一位竞争对手——他觉得我的工作威胁到了他，所以在公开场合针对我。
- 一位万事通——他认为自己什么都了解，一定要自己说了算。
- 一位法官——他总是把注意力集中在我出错的地方，因为他想把我关在牢笼里。

2. 现在请转换你的关注点。如果你一直沉浸在自己关于 X 的"故事"中，就很难进行富有成效的对话（如果不是不可能的话）。提醒自己，你永远无法完全了解对方的想法和经历。考虑这样一种可能性：无论他们是如何表现的，他们都在尽力而为。找出你不了解他们的地方——一旦了解他们的这一点，你的态度可能会改变（也许他们的伴侣刚刚离开了他们，也许他们在晋升时被淘汰了，或者他们讨厌新的工作方式）。注意这种关注点的转变对你的影响。

3. 挑战自己，把 X 看成一个超越其个性或行为的人。培养"无条件的积极关注"（伟大的心理学家卡尔·罗杰斯在他的人本主义方法中创造了这个术语）。这意味着接受和支持一个人，无论他是否值得。例如，想一个你通常不会涉及的问题来问 X：

- 你现在面临的主要挑战是什么？
- 你有哪些资源可以帮助你应对这个挑战？
- 我能做些什么来支持你？

当你的语气发生变化时，它可能会感染到对方。如果你尊重对方，对方也会更尊重你。改变你关于 X 的"故事"，你就更有可能进行更有意义的对话。

对话将"难相处的人"变成宝贵的财富。我辅导过很多团队，它们都有一个所谓的"坏苹果"搅乱了整个团队。当团队成员拥有了相互反馈的方法时（在简短、有序、安全的一对一环境中），整个团队的活力就会得到提升。在我带领一个 IT 团队完成了"反馈之旋转木马流程"（他们每

个人都与其他人配对）之后，一个"难缠"的人反思道：

"忽略别人对你的评价很容易，但当我听到同样的评价
高达 7 次时，我就必须注意了。"

由于可以安全地分享反馈意见，团队成员之间的协作
可以得到明显改善。通过进行真实的、诚意满满的对话，
腼腆的人也可以贡献自己的智慧。

障碍 3："反正也不会有什么变化"

人们对于进行困难的对话普遍存在抵触情绪。反对进
行对话的观点包括"对话不会变成夸夸其谈吗""对话会不
会引起更多麻烦，让事情变得更糟""对话是只说不做，而
我们需要的是行动"，等等。

然而，没有对话，一切都不会真正改变。对话是困难
的，但这并不意味着我们要避免进行对话。量子物理学家
戴维·伯姆（David Bohm）对人与人之间的互动提出了一
些富有洞察力的见解，他在其 1991 年与彼得·加勒特
（Peter Garrett）和唐纳德·费克特（Donald Factor）共同
撰写的颇具影响力的论文《对话——一个提案》
（*Dialogue—A Proposal*）中指出：

"在我们的现代文化中，男人和女人能够以多种方式相

互交流：他们可以一起唱歌、跳舞和玩耍，几乎没有什么困难，但当他们一起谈论与他们息息相关的话题时，似乎总是会导致争执、分裂，而且往往会引发暴力。我们认为，这种情况表明人类思维中存在着深刻而普遍的缺陷。"

当今人类面对诸如社会不平等、气候变化、全球贫困、大规模移民和全球性饥荒等世界性难题的挑战——这是个人、团队和组织之间交流和思考的关键时刻。2022 年，《柯林斯辞典》将 permacrisis 确定为年度词汇。这个词意味着由一系列的灾难性事件带来的长期动荡的、充满不确定的时期。人类要想在这种环境下取得进展，加强对话至关重要。

要克服对对话的抗拒，领导者不仅要关注有形的东西，还要关注无形的东西。借用伯姆的一个比喻，当我们种下一颗橡子并看着它长成一棵橡树，通常会认为种子是树的源头。然而，更准确的说法是，整个环境——空气中的水分、土壤中的养分和阳光中的能量——都是树的源泉。种子只是大树生长的开端。

同样，对话也是释放新的思维模式以及创新性观点的门户。要想让对话成为一个新的门户，就必须注意我们的对话方式（可以把它比作种子）以及进行对话的环境（房间、氛围和情绪等）。个人的投入——我们的语气、态度和接受能力——也会对对话产生重要影响。

认识到哪怕是一次对话，都可能开启或关闭通往全新未来的大门，有助于领导者更加清醒地认识到，进行对话与否会产生什么不同的影响。

障碍 4："可是这也太棘手了"

缺乏专业知识是进行困难对话的一大障碍。正如科学博物馆集团首席执行官伊恩·布拉奇福德爵士（Sir Ian Blatchford）所指出的那样：

"董事会对我们的生活至关重要，但它们也会让每一位首席执行官焦头烂额……真相是，没有人训练过你做老板。当你成为首席执行官的那一刻，人们将不再告诉你真相，这是最大的风险。而我们需要听到不同的声音。"（《金融时报》，2022 年 11 月 27 日）

专注于发现工作场所资源的 Bravely 公司进行的研究发现，70％的管理者避免进行困难的对话。由于缺乏信任或害怕报复，管理者不愿或没有能力进行高难度的对话，尤其是在对话需要以面对面的方式进行的情况下。未完成的重要对话会进一步导致决策失误，形成阻碍团队沟通的氛围；在这样的氛围下，人们会相互竞争，而不是相互协作。

如果领导者回避或搞砸了困难的对话，会使这种不愿对话的情形变得更加复杂。作为领导者的一个事实是，无论你喜欢与否，你就是一个榜样般的存在。你自己所做的一切——发脾气、骂人、挥舞拳头——都是你允许别人做的；你没有做到的事——实话实说、分享信息、说出问题——你也得允许别人做不到。

不愿意对话似乎是有道理的。学习如何驾驭"会议室的氛围"对领导者来说是比较具有挑战性的。但请想一想：如果你保持"隐忍"不说话，你怎么能指望你的手下发出自己的声音？如果你打断别人的发言，不让他们把话说完，难怪别人也会不听你的话。如果你占据了会议室的大部分发言时间，其他人还有什么空间来分享他们的想法呢？

与我共事过的一位希望做得更好的领导者认为，他希望改善团队中的聆听氛围，因此他决定首先让自己更加专注地去聆听。许多领导者都习惯于表现出他们在聆听的行为——不打断他人、眼神交流、不断点头——但实际上，他们仍然只是在等待着发表自己的观点。他们并没有真正聆听、参与对话和借鉴他人的意见。

在对话教练中，我们探讨了一些可以加强聆听的小策略。

在别人发言后，领导可以不急于发表自己的观点，而是挑战自己的旧有模式，用一个问题代替某种断言。这可以是"你为什么这么说""告诉我更多好吗？我很好奇你刚才说的那段话"，等等。

当有人提出反对意见时，我们很容易马上插嘴。但是，当我们自身处在高能量的时刻，我们可以选择自然回应而不是怀有敌意地用本能去应对，这样我们就会使对话保持在正轨上，而不是脱轨。健康的自我调节会让对话的过程变得更美好。

在我工作过的另一个团队中，财务总监说他忽然明白了一个道理。

他说："如果管理者能更多地关注会议的有形成本，就会有更大的动力提高会议的效率。"

他在会议室的一张纸上快速算了一笔账，通过估算每个人每小时的时间成本，算出了一次会议的大致的有形成本（如果你的心算能力不足，有在线工具可以帮你）。

"八名董事每人年收入 10 万英镑，以每小时 50 英镑的费用计算，两小时的会议成本接近于 1000 英镑，这还没算其他费用，如差旅费、场地费和茶点费。"

这是一个令人警醒的角度。如果会议没有成效，企业就会亏损。这就是"机会成本"，因为这些董事本可以从事其他的增值工作。此外，无力做出决定、无法通过讨论复杂的变化以解决问题或对某些观念缺乏了解等都会造成隐形的额外成本。

虽然衡量对话的影响可能会很棘手，但有人确实已经做到了。"正确对话组织"（The Right Conversation）的创始人迪克·文曼（Dik Veenman）的研究表明，对话效率提高 15%，生产效率最起码会提高 17%。在我辅导过的团队中，我曾使用过他们的工具——团队对话指标（Team

Dialogue Indicator），并目睹了团队讨论他们应该如何"对话"的价值。使用"元对话"可以让团队识别出毫无成效的对话习惯（如心不在焉），并找出改善对话的驱动因素（如提出更多问题）。

障碍 5："我宁愿不要这种对话"

解决低绩效的员工问题是管理者最害怕谈论的话题之一。组织心理学家、斯坦福大学教授罗伯特·萨顿（Robert Sutton）曾对《纽约时报》说："如果绩效考核（就如我们现在进行的那些）是一种药物，它是不会被联邦食品与药物管理局批准的，因为它的效果太差，副作用太大。"萨顿在反思这一被广泛引用的观点时写道："这并不是要取消所有的年度绩效评估，而是要问：'如果我们不做年度绩效评估，会发生什么？'。"

将绩效不佳的问题置之不理不可避免地会产生负面影响，包括问题得不到解决、客户投诉、重复性工作、为纠正错误而浪费时间，以及团队成员因为不得不完成他人遗留的工作而感到沮丧与不满等。此外，那些无法解决低绩效问题的高层领导会失去员工的尊重也是一种隐患。

由 CPP Inc 公司（CPP Inc 是迈尔斯－布里格斯测评和托马斯－基尔曼"冲突模式工具"的出版商）委托进行的一项研究发现，美国员工每周要花费 2.5 个小时处理棘手的情况，这相当于 2008 年价值约 3590 亿美元的带薪工时。
2016 年，由 Vital Smarts 对 1000 多名员工进行的研究发
现，每一次对话失败对一个组织意味着 7500 美元的金钱损
失，以及超过 7 个工作日的时间损失。

企业越来越认识到，在我们这个数字化的、颠覆性的、
日新月异的世界里，既有的工作反馈方式——尤其是每年
一次的填表评估——已不再适用。正如阿玛尔所强调的，
混合式工作带来了更多挑战，因为团队成员身处不同的地
域、时区和办公地点。

让反馈过程更加对话化、频繁化和非正式化是大势所
趋。Gap 公司已经开始按月而不是按年为员工提供工作表
现的反馈；并且，反馈一般在办公室外进行，以发展更深
层次的团队关系。Culture Amp 公司开发了一种员工绩效考
核工具，以提高反馈过程的参与度，并消除其背后可能存
在的不公正评估。

Netflix 要求管理者和员工将绩效对话作为他们工作的
有机组成部分。并且，在这个过程中，员工需要接受 360
度绩效评估，即任何其他人都可以向被评估的员工提供反
馈。公司这么做背后的信念是：只要"告诉人们真相"，他
们可以接受"任何事情"。还有一些人质疑这种"激进的坦
率"，比如《金融时报》的米兰达·格林（Miranda Green）
就指出这种"严苛的爱"有时会让人变得情绪低沉，很难
再有精力去应对日常工作。

与典型的年度评估制度相比，管理者能以更高的频率和更高的技巧向员工提供反馈意见是一个真正的进步。我见过高级领导者的职业生涯脱轨，也见过创始人的事业失败，其原因在很大程度上要么是他们没有得到所需的反馈，要么是他们在得到反馈时置之不理。诚然，进行有反馈的对话需要花费时间和精力，但处理低绩效问题花费的时间和精力会更多。

障碍 6："最好不要摇晃船只"

对冲突的恐惧使许多人只能从事自己不喜欢的工作，或者做一些自我感觉毫无意义的项目。这尤其适用于那些不敢向领导者提出反馈意见或不敢在会议上与更高层领导发生冲突的人。

避免冲突也会影响团队绩效。畅销书《团队协作的五大障碍》（*The Five Dysfunctions of a Team*）的作者帕特里克·兰西奥尼（Patrick Lencioni）指出，这往往是团队中缺乏信任的结果。他写道：

"信任至关重要，因为没有信任，团队就不可能就关键问题展开不加掩饰的激烈辩论。这会产生两个问题。首先，扼杀冲突实际上增加了人们在背后搞破坏的可能性。其次，这会导致次优决策，因为团队无法从成员的真实想法和观点中获益。"

光是"冲突"这个词就会让许多人望而却步。当有人反对我们的观点时，我们就会感觉紧张和收缩。我们会对自己说："为了和睦相处，我就顺其自然吧。""最好不要摇晃船只。"我们告诉自己按别人的想法行事，以维持和平。但是，一味地顺从他人的意愿，永远无法建立起真正令人满意的人际关系。

还有一些人在遇到反对意见时会"泄愤"——把怒气撒在别人身上。他们成为"街头斗殴者"，而不是可以切磋问题的队友，他们用自己的侵略性行为击退他人。

对冲突的另一种反应是沉默。一旦冲突开始让人感到不舒服，人们就会停止交谈。房间里弥漫着紧张的气氛，让通过对话解决分歧的可能性消失无踪。

我们将在第四章中探讨这三种被动反应。了解人们寻求满足的三种不同需求——认可、控制或保护——有助于你在对话过程中保持优势。困难的对话不一定会演变成全面的冲突，分歧不一定会造成分裂。

许多管理者和领导者不了解无法处理冲突所带来的风险。由于担心关系受损、遭到拒绝或失去权力，我们往往会在关键时刻中断对话。当团队成员和领导者开始认识到，扼杀冲突的风险往往大于聆听冲突的风险，对话就将成为可能。如果领导者不培养这种能力，组织就永远无法形成一种让人们能够充分表达自我、从而感受到自己的价值和尊严的包容性文化。

盘点障碍

鉴于高层领导 80％的时间都花在了对话上，因此，他们在面对上述这些障碍时哪怕只进行很小的微调，也会产生巨大的影响。现在请完成练习 5——盘点障碍，并利用这个机会停下来对自己的对话方式进行反思。

练习 5 ■■ 盘点障碍

1. 请回忆你在工作中遇到的困难对话。选择你感觉最困难的那一次。那可能是：

a）要求得到你真正想要的东西，比如加薪或福利。

b）告诉老板你要离开。

c）向权威人物说出"真相"，以揭示一个盲点或得到一个新机遇。

d）向他人提供具有挑战性的反馈。

e）向高层领导传达有关团队业绩的坏消息。

f）告知供应商你将终止其合同。

g）让别人知道他们没有得到某个工作、某个晋升机会或某个新任务。

h) 清晰地阐明团队或组织除赚钱外的目的。

2. 回顾上述六大障碍，找出是哪个障碍困住了你，以及你已经收集到哪些线索可以帮助你做出改变。你已经知道的哪些策略可以帮助你克服这个障碍？将你的"无意识能力"（即已成为你的"第二天性"、可轻松执行的技能或策略）带入脑海。

3. 问问你自己："我要怎样才能进行这次对话？"答案可能是"我必须说出我的真实想法"或"我必须谨慎选择我的时机"或"我必须做好准备，一旦我说出了我的观点，我就会马上离开"。

4. 还有什么方法可以帮助你克服你所发现的障碍？例如，你也许需要花时间准备对话的内容，或是需要到其他非办公地点来进行这场对话。

5. 反思自己想做什么，而不是放弃什么。例如，你可能想递交辞呈，自己创业，这样你就有了更多的自主权；你可能想得到加薪，这样你会更有安全感；你可能想裁员，因为有人一直表现不佳，而你想公平对待其他表现出色的团队成员。如果你再深入一点思考，你往往会发现，在困难对话的表面之下，隐藏着某种更深层次的渴望。看到这一点有助于你积极地进行对话，而不是停留在困顿和不满中。

导致我们缺乏对话能力的那些原因并不令人惊讶。根据英国皇家特许管理学院（Chartered Management Institu-te）的统计，80％的经理人都是"偶然"的经理人。他们缺乏必要的技能，因为他们从来没有机会学习这些技能。他们在"晋升扶梯"上一路攀升，却没有接受过正规培训，包括进行困难对话方面的培训。难怪英国的国家生产力会如此落后。

越来越多的人认识到上述这一现象造成的差距。德勤（Deloitte）和普华永道（PwC）都在对公司里最年轻的英国员工进行额外辅导，因为它们注意到因新冠疫情而中断学业的新员工在团队合作和沟通技能方面弱于以往的员工。组织越来越重视员工的基本沟通技能，无论是公开演讲的能力、解决冲突的能力，还是非语言交流的能力，比如眼神交流。

通过对话，无形的东西就变成了有形的东西。英国《金融时报》2023年5月23日的一篇文章指出，交易所交易基金（ETF）的投资者越来越关注企业文化浓厚的公司，在这些公司中，"员工是我们最好的资产"并非空谈，而是事实。"优质股最强烈的信号来自于那些较难衡量的指标，如员工对自主性、公平性、信任度、利益一致和心理安全的感受和看法；而容易衡量的那些指标，如职位和福利可以提供的信号则较为微弱。"比如，大众汽车排放指标作弊的公司丑闻会破坏价值，而意气风发、积极主动的员工则会创造价值。

心理学家早在几十年前就指出，微妙的无形力量是决定性的。卡尔·罗杰斯提出的对积极的人际交往至关重要的"无条件积极关注"就是一个例子。现在，管理者和领导者们正在亲身体验这些看不见的因素给我们的人际交往带来的不同。

开展真实的对话

要想通过对话带来变革，我们就不能把"对话"仅仅看作是语言的交流。对话的定义指出了我们需要关注对话的几个重要方面。《对话与共同思考的艺术》（*Dialogue and the Art of Thinking Together*）一书的作者比尔·艾萨克斯（Bill Isaacs）对对话给出了如下定义：

"对话是处在某种关系中的人们一起进行的交谈……它是一种共同思考的艺术。"

注意这里强调的是关系。对话者之间需要有一种氛围，能够承受意见分歧的冲撞和强烈情绪的炙烤。

伯姆在《论对话》（*On Dialogue*）一书中指出：

"对话点燃了一种新的关注模式——我们会去关注那些理所当然的假设、两极分化的观点、可接受和不可接受的对话规则以及处理分歧的方法。"

在这里，我们需要注意自己是如何表达和思考的。我们的头脑中充满了理所当然的假设；我们甚至没有注意到这些假设的存在，直到我们"撞上"别人的假设。当我们把自己的基本假设带入交流中时，就会加深我们的思考。

哲学家和作家西奥多·泽尔丁（Theodore Zeldin）强调了谈话的创造性：

"对话是携带着不同记忆和习惯的思想的碰撞。当思想相遇时，它们不仅仅交换事实：它们改变事实，重塑事实，从事实中得出不同的含义，并进行新的思考。对话不只是重新洗牌，而是创造新的牌。"

真正的对话具有创造性。它具有的活力和新鲜感是许多普通的交流所缺乏的。

最后，巴西教育家和哲学家保罗·弗莱雷（Paul Freire）认为，对话是一种谦逊的互动方式。他写道："没有谦逊，就不可能有对话。"

当我们把"正确"置于"关系"之上时，对话就会变得紧张。当我们承认自己一无所知，当我们在交流的过程中敞开心扉，当我们提出问题而不是给出答案，我们就能和他人建立深层的连接，进行真实的对话。

借鉴迄今为止的所有定义，我尝试着对"真实的对话"——每一次艰难的谈话都需要的真实的对话——给出我自己的一个定义。

"真实的对话是一场能够带来积极变化的谈话，它在可以互相聆听和共同思考的人们之间进行。"

"积极变化"可能是指新的见解、新颖的解决方案或更牢固的人际关系。只有当对话不是唇枪舌战、大喊大叫，也不再是你死我活的决斗时，才会产生积极的成果。

真实的对话就是包含一个或多个以下要素的对话：

- 解决实际问题。人们不仅要一起讨论，还要一起思考，以找到每个人都能接受的前进方向。
- 处理麻烦的情绪。人们分享自己的感受，聆听他人的真实想法，并想方设法包容彼此的差异。
- 创造新事物。在共同理解的基础上，会产生一个人单独思考无法得出的新见解。

一起交谈就是一种行动。它蕴含着力量，能影响物质现实。本书其余部分将探讨如何做到这一点。

从分崩离析到蓬勃发展

组织的根本目的是让一群人共同创造出他们在单打独斗或互不联络的状态下所无法创造的东西。从这个意义上说，集体确实比个人更有力量。如果没有对话来推动，团队就有可能"分崩离析"，正如阿玛尔在给我的便条中所说的那样。工作会被重复，错误会被遗漏，矛盾会被激化。

阿玛尔和他的团队在我的帮助下完成了为期两天的对话技能培训课程。几周后，我们叙了叙旧。阿码尔对我的课程表示感谢，他说人们真的需要经常做这样的事情。当一起对话、一起度过一段时光这样的积极经历可以很容易地激励一个团队时，眼睁睁着让团队分崩离析实在是一种愚蠢的行为。

阿玛尔还告诉我，他刚刚获得了晋升。他很快将领导一个更大的团队，这个团队也采用混合式工作模式。

他反思道："在我下定决心创建一个更有凝聚力的团队时得到了这次晋升，一切来得正是时候。"

我回答说："我相信，你学到的技能将使你和你现有的团队阔步向前。"

"百分之百，"阿玛尔说道，"我已经学习到，如果把人们放在一个安全的空间里，再加上一个能支持他们的、有趣的促进者，他们就会敞开心扉，积极主动。"

"或者说这样的领导者。"我想。

当我从高级管理团队的其他成员那里收集关于这次培训的反馈意见时，他们谈到，他们对自己的日常管理角色有了新的认识，并改变了自己的行为，从而改善了自己的职业和家庭生活。其他评论还包括：

"有效领导的关键是团队合作。教会团队如何倾诉、如何聆听是非常宝贵的。还有一个触动我的点，那就是温暖的联谊体验。"

"我们用普通人闻所未闻的技术和实践方法，发展了沟通技能。"

"我现在更清楚自己在进行对话时的行为，这让我成了一名更好的领导者。"

"与他人分享经历非常棒，因为它拉近了每个人之间的距离。"

这些评论提醒我们对话的巨大益处，这些益处包括：个人更有归属感，团队更有凝聚力，组织会提供更为优质的产品和服务。所有这一切都源于人们克服了对话的障碍，真正体验到了"我们在一起"的感觉。

▮▮ 本章小结 ▮▮

1. 进行困难的对话有很多障碍，包括缺乏时间和技巧。许多管理者之所以避免进行困难的对话，是因为他们认为这太棘手，或者与某个人打交道太困难。

2. 如果不采用靠谱的策略来克服这些障碍，领导者就会陷入困境，问题不但得不到解决，甚至可能会升级。

3. 这个两极分化和"永久危机"日益加剧的时代比以往任何时候都更需要娴熟的对话技巧。

4. 真正的对话不仅仅是口头交流。它通过人们的共同交谈、思考和行动来创造积极的变化。

5. 成功进行困难的对话可以节省宝贵的时间。从长远来看，一场对话所节省的时间远远超过它花费的时间。

6. 对话可以把"难相处的人"变成宝贵的财富。要激发一个人的潜能，就要在对话中引入"无条件积极关注"。

7. 对话能提高幸福感和工作效率。它能为个人、团队和组织带来积极的变化。

如果你现在只能做一件事……当你想回避或正在搞砸一场困难的对话时，找出是什么阻碍了你。花点时间进行冷静的思考。问题的根源很可能是某种恐惧（害怕被拒绝、失去控制或破坏关系等）。说出你的恐惧，不要试图改变它。看看这样是否会让你更放松。

第三章
成功对话的核心要素

———

人生所有的巨大失败都源于对话的失败。

———比尔·艾萨克斯（Bill Isaacs）

　　会议室内气氛的好坏可以决定一场困难对话的成败，因此是真实对话的重要组成部分。为真实的对话创造一个"抱持性的场域"，能让人们感到安全，敢于倾诉，而不是自卫和闭口不谈。领导者需要注意的不仅仅是对话的内容，还有一些微妙的方面，比如进行对话的"场域"。我们将探讨什么是"场域"，为什么它很重要，以及如何以实用的方式建立一个这样的一个"场域"。

　　"炸弹要爆炸了！"我的活动协调人告诉我，"团队里发生的大吵大闹已经演变成了个人恩怨。那些感觉自己没有被看到或没有被听到的人们中涌现了不安的潜流。我们最好系紧我们的安全带。"

　　我走进会议室的第一天，尽管室外阳光明媚，气温高达22摄氏度，但室内的气氛却让人感到寒冷。我感到手掌发麻。我提醒自己，团体会议，即使是中等规模的会议，比如只有15名团队成员参加的会议，也会激发个人的焦虑。人们害怕被攻击，害怕在人群中迷失方向，害怕被拒绝，这些恐惧无处不在。

在会议的第二天，坚冰开始融化。我们花了几个小时列出了团队需要进行的对话(使用我将在第九章详细介绍的关键对话表)，然后我们开始深入探讨其中的一个话题。

首席执行官谈到了他在高尔夫球场上意外接到了来自银行主要客户的电话，一笔涉及 9300 万美元的交易失败了。

"即使是我的亲生父亲也不会那样对我说话。"

他的声音越来越大，语速越来越快，脸色越来越红。

"我无法相信，我们仍然没有建立应对未来事件的系统。"他咆哮道。

当他停顿下来喘气时，队伍中最年轻、资历最浅的成员用低得多的声音对他说：

"先生，您的样子吓到我们了。"

全场顿时鸦雀无声。

但他直视着首席执行官的眼睛，坚定而亲切地说：

"我听到您在说话，但您说话的方式让我很难听懂您在说什么。"

我屏住呼吸，等待着接下来会发生什么。首席执行官会发动攻击、保持沉默还是嗤之以鼻？会议的剩余部分将以这一刻为转折点。

本书中探讨的许多较为困难的对话，如涉及要求加薪、给某人具有挑战性的反馈或向利益相关者传达坏消息的对话，都是微妙而复杂的。对话中的真正风险是，需要表达的精髓没有被表达出来，或者关键信息被表达出来后，人们会被激怒，导致对话脱轨。

虽然我们无法保证对话会取得怎样的进展，但注意成功对话的必要因素显然能最大限度地提高合作交流成功的可能性。对话环境的质量直接影响对话的质量。正如一棵幼苗的成长离不开土壤、水分和阳光的支持一样，人与人之间的交流也取决于周围环境的质量。

领导者常常忽视环境的重要性。他们急于实现目标，提出主张，推动议程，却往往没有注意到当对话变得紧张时人们语气的微妙变化，或者即使意识到了也不知该采取什么措施应对。我们将通过解读对话的环境——真实对话中最容易被忽视的方面——来弥补这一不足。

当下，无论是在我们的家庭还是组织或社会中，都缺乏足够的对话空间。人们一旦尝试交谈，就会感到更加沮丧而不是更为清醒。里希·苏纳克（Rishi Sunak）认为，在 2020 年政府应对新冠疫情的核心措施中，没有建立一个真正的论坛让人们可以畅所欲言，提出不同意见。讨论被扼杀了，权衡被忽略了，各种方案也没有得到充分探讨。当被问及他将如何以不同的方式处理这次新冠疫情时，苏纳克的回答是："我会与政府进行一次更成熟的对话。"

在 BBC 广播 4 台的系列节目《论辩的悠久历史》（*A Long History of Argument*）中，主持人、前国会议员罗里·斯图尔特（Rory Stewart）反思了良好的治理能力如何与良好的论辩能力直接相关。两极分化的立场、民粹主义和后真相政治都阻碍了政治家们共同对话的能力，这对我们的民主制度造成了严重的损害。自 2014 年以来，X 等社交媒体平台的崛起让富有成效的对话更为缺乏，因为算法会传播分裂性内容，而不是"奖励"人们就真正重要的问题进行有意义的交流。

斯图尔特指出，议会中的参与规则，如任何人不得称另一位议员为"骗子"，是为了让议员们能在议会中进行有效辩论而制定的。然而，现在的议员们并不是在议会中进行面对面的辩论。斯图尔特观察到：

"如今，他们感觉更像是在表演，不是为了与自己同处一室的人表演，而是为了电视观众或推特上的粉丝表演。当这种情况发生时，你就不再真正作为一个人参与其中，你没在真正试图说服别人，也不会真正被别人说服。"

声音取代了内容。微博取代了面对面的交谈。网上的冲突阻碍了面对面的交流，而这一切都是因为我们缺乏关于如何创造一种能帮助我们进行对话的环境。正如安德鲁·马尔（Andrew Marr）所言：

"社交媒体不仅没有提供一个数字版的城市广场，反而使我们远离了共同的对话。我们……为最新的丑闻傻笑，而不去思考最重要的事情——我们心不在焉，无法进行必要的、更为平静的对话。"

这种心不在焉、辩论不畅和决策失误的模式在各类组织、机构和团队中普遍存在。"键盘文化"的影响远远不止X，也就是之前的 Twitter。正如妮娜·鲍尔（Nina Power）所言："如果我们用争吵来代替交谈，我们就不可能走得更远。"

但我们不一定非要这样。即使我同意富有成效的对话，尤其是在公共场合的对话，是一个难以破解的难题，但作为一名对话教练，我也看到了足够多的事实，知道一种不同形式的对话不仅值得追求，而且是绝对可能的。

困难的对话需要什么

在对话过程中，"容器"一词用来形容"容纳"对话发生的空间。从很多方面来说，这并不是一个好词，因为它会让人联想到运输中的金属箱或储存食物的塑料箱，这两种联想对我们理解这个概念都没有什么帮助。然而，"容器"这个词最初出现在心理治疗领域，用来描述一种无论客户分享了什么、都会感到自己被接纳的关系。现在，这个意义被沿用下来。比尔·艾萨克斯将其重要性总结如下：

"容器怎么样，对话就怎么样。"

在 Dialogos 组织与比尔和他的团队共事一段时间后，我认识到，没有一个强大的容器，就不会有真实的对话。

如果没有一个支持性的对话环境，我们的语言互动就会令人失望，而不是激发灵感。这适用于所有困难对话的场合，无论是在一对一的、团队之间的还是多方利益相关者之间的对话。

我稍后会给"容器"下一个更全面的定义，但首先我想分享一段个人经历，这段经历强调了一个强大的容器是多么重要。你可能会想停下来，反思一下在你的生活和身为领导的过程中，"容器"给困难的对话带来了什么不同（见练习 6——创建一个容器）。

练习 6 ■■ 创建一个容器

想想你在工作、家庭或其他领域经历过的对话。尽可能选择那些能在脑海中轻松回放的对话。

1. 回想一次让你和对方都感到振奋的对话。

- 找出有助于你们进行有效交流的物质因素。这包括你们所处的物理空间（例如，你们在外面而非办公室举行会议，从而减少了干扰；或者会议室有很多自然光，营造了很好的氛围；或者你们是在线会议，每个人都参与其中）。

- 找出产生积极影响的非物质因素。这包括人们之间的互动氛围（例如，参与者之间的发言时间大致相等，从而营造了一种相互信任的氛围；或者有人先冒险分享了自己有意义的经历，从而为其他人奠定了真实的基调）。

2. 回想你曾经历过的一次困难对话，那次对话让你感到不满、遗憾或疲惫。

- 找出妨碍你们进行有效交谈的物质因素（例如，你们在网上交流，而对方把他们的摄像头关掉了，所以你很难知道到底发生了什么；或者没有足够的时间进行充分的自由讨论）。

- 找出导致对话偏离正轨的无形因素（例如，一两个人主导了谈话；紧张的气氛让许多人保持沉默；或者团队中的两名成员不和，但大家心照不宣，没有人愿意谈论这头"房间里的大象"）。

思考你对以上问题的回答。你能从创建"容器"的经历中学到什么？你今后如何应用这些经验呢？

为什么容器对对话至关重要

我还记得我第一次感受到房间里气氛转变的情形。我当时在学校的音乐教室，那不是我们常规上课的教室。虽然我们和老师在一起，但音乐教室陌生的空间让我这个七岁的孩子高度警醒。后来，不知什么原因，老师不得不离开教室，也就是说我们有几分钟没有老师。

随着孩子们开始交头接耳，喧闹声迅速变大。几个孩子试图在鼓声、木笛声和铙钹声中发出自己的声音，大家既兴奋又紧张。老师在时大家共同演奏出来的稚嫩旋律被滔天的喧闹声淹没了。几分钟后，老师重新走进教室，喧闹声立刻平息下来，但我们的旋律却没能立刻恢复。随着老师的离开，我们失去了我们的"容器"，也失去了我们共同创造音乐的能力。

这是我第一次体验到创作成果是如何反映创作环境的。没有容器，就没有音乐。没有容器，就没有对话。没有容器，就没有凝聚力。

什么是容器

如果你曾走进一个房间，感觉气氛沉重得可以用刀子划开，那么你就已经感受到了一个容器的能量"场"。也许，你曾有幸走进一个房间，并感受到爱、能量和兴奋。你的"感官"捕捉到了"容器"的存在。

当我反思自己作为对话教练的工作时，我认为，对话教练的核心密码就是创造条件以点燃有意义的对话。如果你曾在汽车里与青少年交谈，你会发现他们的目光并不专注，谈话也断断续续，（更别提在高速路上找不到方便出口时的情形了），这时候你就已经知道"容器"的作用是多么至关重要了。

我们的思想和语言是有存在感的：它们就像空气中流动的气流，能够吸引他人来到我们身边，或将他们赶走。当房间里充满信任时，对话的"容器"就会感觉宽敞明亮。而当气氛紧张，人们彼此疏远时，交谈就会变得困难得多。

我们通过创造一个"容器"来改变我们的生活、团队和组织。"容器"一词源于拉丁语"con-tenere"，词根意为"容纳"。发展心理学家发现，婴儿和照顾者之间的"包容性的关系"是健康自我成长的关键，因为它可以减轻婴儿的焦虑，平息他们的挫折感，释放他们的好奇心和探索欲。"容器"对团体和团队的健康成长也至关重要。

比尔·艾萨克斯是这样描述"容器"的：

"'容器'是一个具有共同意义和强烈个人情感能量的领域，在这个场域中，参与者可以安全地进行富有洞察力的、足以引发变革的对话，同时又不失相互之间的尊重。这些对话能够激发未实现的潜能。"

创建和维护一个对话的"容器"是一种领导艺术。我带领过很多针对首席执行官、牧师、主教和心理咨询师的对话项目，其中让我印象深刻的一件事情是，总会有至少一位参与者说："我从来没想过要为对话创造一个'容器'。"

"容器"对于对话至关重要，主要有三个原因：

首先，"容器"可以蕴藏难言的情感。在群体中，尤其是规模在 15 人或以上的大型群体中，我们对认可、亲密感甚至身份感的需求经常会受到挫折。"容器"可以帮助人们通过对话表达自己的感受，从而有效处理这种压力；而不是让焦虑和沮丧的情感成为破坏性的、使对话脱轨的工具。

其次，有了容器，人与人之间的温暖联系才有可能出现。大量的研究表明，健康关系所拥有的"温暖氛围"是让我们感觉幸福的关键。建立这种关系的一个重要工具就是坦诚交谈。从你与他人的联系程度可以预测出你的健康状况、大脑保持敏锐的时间以及患上冠心病的概率（更多信息请参见下框）。

"温暖氛围"的价值

始于 1938 年的"哈佛成人发展研究"（Harvard Study of Adult Development，HSAD）是当前的积极心理学运动的重要先驱，也是迄今为止对幸福感进行的研究时间最长的一项科学研究项目。这项研究对哈佛大学的 268 名本科生的生活进行了长达 75 年的跟踪调查。此外，来自马萨诸塞州波士顿最贫困社区的 456 名 14 岁男孩也被纳入研究范围。所有的研究对象都在参加研究的过程中接受了各种各样的访谈、医学测试、定期进行脑部扫描、血液检测和进一步的深度访谈等。

80 年后的今天，HSAD 的研究范围已经扩大到三代人，包括最初参与者的 1300 多名后代。最初的研究只针对白人男性；现在，一半以上的参与者是女性。许多书籍都记录了这项研究的结果，尤其是其对"什么构成了幸福的、有意义的和成功的生活"这一话题的富有洞察力的探讨；这些结果已被其他针对更多不同群体的研究证实。

乔治·E. 韦兰特（George E. Vaillant）在其 2012 年出版的《经验的胜利》（*Triumphs of Experience*）一书中分享了与长寿生活无关和相关的重要因素。在参与这项研究达 45 年之久后，韦兰特发现研究结果呈现出一种清晰的模式。反映社会阶层的变量（如母亲或父亲受教育的程度）与个体的成功没有关系。那些反映了常识性因素的变量（如具有强烈的男子气概）也与个体日后的成功无关。然而，反映男性关系质量的变量却对成功与否有很强的预测作用。这使得韦兰特得出了如下结论："生命真正蓬勃发展的先决条件"是建构积极、亲密和充满爱的人际关系的能力。

拥有"良好关系"的价值还体现在男性的收入上。在"良好关系"方面得分最高的 58 名男性平均年收入为 24.3 万美元，而得分最低的 31 名男性平均年收入为 10.2 万美元。相比之下，这些男性在智商上并没有明显差异。

最成功的男性与最不成功的男性之间的区别，并不在于是否拥有某种特定的关系，比如维系一生的婚姻等。一个男人晚年的幸福与他重视他人的能力有关，无论是他的伴侣、父母、兄弟姐妹、孩子、同事还是朋友。无论是在家庭还是在工作中，创造一个充满爱的环境才是最重要的。

参与这项研究的另一位研究员、哈佛医学院精神病学教授罗伯特·瓦尔丁格（Robert Waldinger）也强调了一个人与他人建立温暖关系的能力预示着一个人的健康状况能保持多久。所谓"温暖"，是能让人感受到安心、滋养和支持的关系，无论是在情感上、经济上还是在每日生活中，而不是让人感到枯燥、欺凌或被剥削。在罗伯特教授与马克·舒尔茨（Marc Schulz）合著的《美好生活》一书中，他们用"社交健身"一词来描述人们如何通过加强社交联系来改善自己的生活，正如我们可以通过加强锻炼来改善我们的身体状况一样。我们的幸福和快乐并不是一成不变的，也不是完全由我们的基因或性格决定的。正如瓦尔丁格所说，我们可以选择去"移动指针"。对话是一种重要的工具，它不仅能丰富我们的生活，还能促进我们的职业发展，让人与人之间建立温暖的联系。

最后，连贯的"能量场"会产生一致性。心理学家洛萨达（Losada）和希普希（Heaphy）已经证明，氛围的质量是高能量团队和低能量团队之间的关键区别。表现不佳的团队会陷入消极情绪中，从而形成受限的情感空间，关闭了行动的可能性；优秀团队则在广阔的情感空间中运作，为新事物的出现开辟了道路，这意味着人们即使在不舒服的时候也会说出自己的真实想法，或者团队可以最终就一直有争议的问题达成一致意见。

继音乐教室的经历之后，我的意识中再次出现"容器"的概念是在一次对话培训项目的非正式谈话中。培训在科茨沃尔德的奇平坎普登市政厅举行。市政厅里有格子状的窗户，从窗户向外望去，蜂蜜色的石头房子、狭窄的人行道和悬挂的花篮尽收眼底。

我们将 25 把椅子围成一圈，旁边的桌子上摆放着一大束鲜花以及各种书籍，让这里看上去像是进行对话的绝佳场所。我闻到了小苍兰的清香，温暖的橙色地毯让我仿佛置身在篝火旁。这当然是我们的培训师彼得·加勒特（Peter Garrett）特意选择的。彼得当时正在美国波士顿的一家小众咨询公司 Dialogos 与比尔·艾萨克斯共事，他在打造支持对话的环境方面有着卓越的才能。

一天晚饭后，彼得和我聊起如何将我所学到的对话知识带入内阁办公室，我当时在那里担任心理学家。我感到自己又充满了活力，可以不再"追逐专家"——请外部顾问——来解决我们面临的复杂的招聘问题。当时有超过 15000 名毕业生申请了"公务员遴选委员会"（CSSB）的 400 个职位，预计参加"快速通道"毕业生遴选程序的申请人数还会逐年增加（目前，有超过 30000 人在竞争 800 个名额）。内阁办公室首席心理学家和我的任务是重新设计整个选拔过程，包括将为期两天半的评估缩短为一天。

通过对话的方式，我开始了解到我们可以如何利用参与项目的公务员的集体智慧，来找出我们的解决方案。与从外部提供的专家解决方案相比，这些方案可能更符合企业文化。更重要的是，曾在 CSSB 担任评估员的一批高级退休公务员（他们为保持几十年来的流程不变投入了大量精力）更有可能接受他们参与提出的设计理念。

我和彼得的谈话突然出现了意想不到的转折。

彼得说："现在跟我说说街头表演吧。"

我早些时候在圈子里谈到过我在西班牙度过的四年，当时我作为街头马戏表演者赚取生活费。这是我人生中意想不到的一章。我从诺丁汉大学心理系毕业后没有工作，也没有开始攻读博士学位，我的冒险精神让我产生了在国外教一年英语的计划，这个计划后来又把我变成了一个街头杂耍者。

漫长炎热的西班牙的夜晚，西班牙海鲜饭的香味混合着卡车上柴油的味道，以及高高抛向空中的火把，让我至今难忘。我们当时一直在讨论新兴的、复杂的适应性科学所带来的启示。我分享了在旅行期间，我是如何体会到"生活在混沌边缘"的独特魅力的，正如适应性科学所发现的那样。我没有想到，在那个烛光摇曳的、有本地音乐家轻柔的笛声伴奏的时刻，我们又回到了"街头卖艺"的话题。

我在椅子上坐直了一点，因为彼得的询问而感到兴奋。但内心也有些动摇。我从西班牙回来已经两年了，但仍在向主流工作和社会靠拢。旅途中的岁月听起来似乎很浪漫，但它们更像是一堂锻炼毅力的训练课，我回到英国的心路历程也是如此。

我花了一年时间找工作，寄了几十份申请表和简历。最终，我在谢菲尔德的"工作与养老金部"找到了一份工作。在谢菲尔德，我与人力资源团队合作，负责选拔系统的技术性工作，然后我被借调到内阁办公室。在这个过程中我痛苦地意识到，在职业发展方面，我远远落后于和我一起毕业的其他心理学家。他们都做了明智的选择，在咨询公司或学术界任职，而不是像我一样任性地开着一辆老式露营车去享受阳光。

彼得说："你当时一定很快就学会了如何建造'容器'。"

我从未以这种方式思考过我在街头卖艺的时光，但彼得的看法很有道理。街头马戏是一门原始艺术。如果你不能吸引人们的注意力，他们就会走开。如果你没有娱乐性，观众们很快就会散去。如果你不与志愿者沟通，就会遭到嘲笑。如果你过早地伸手要钱，人们就会匆匆离去。

我向彼得描述了我在街头卖艺生涯中的转折点，那就是遇到了一位美国魔术师，我称他为"大魔术师"。他在世界各地从事街头表演已有20年，是一位资深表演者。在潘普洛纳的圣费尔明节期间，我在中央广场上看到了他。当时公牛在街上奔跑，身着白衣的当地人挥舞着红旗，戏弄和挑逗公牛。

我看着大魔术师挑好地方，放下书包，戴上高帽，吹起了气球。当他把气球拧成一头大象时，三个驻足观看的孩子笑着鼓起掌来。他们的掌声吸引了更多的孩子，他又拿出一个气球，并把它拧成了一只长颈鹿。孩子们的爸爸妈妈、叔叔阿姨、爷爷奶奶们都来看热闹。不一会儿，人群就排成了几排，大家都在紧张地观察着会发生什么。随着越来越多的人加入到人群中来，更多的把戏、惊叹声和笑声也随之而来。大魔术师让人们往后站，为他的表演创造更大的空间，这反过来又吸引了更多的观众。不到五分钟，他就把一个公共广场变成了一个临时剧场。聚集的人群看得如痴如醉。

　　我不是一个魔术师，但我是一个热心的学生。在那个暑假里，我逐渐将"作秀"的艺术运用到我的杂耍技巧中。我不再是在街边"打发时间"（街头艺人们对卖艺的叫法），而是学习如何吸引、培养和娱乐人群，然后在他们离开之前将帽子递过去接钱。通过精心挑选志愿者并在他们走上"擂台"时为他们热情鼓掌，我的报酬在一夜之间翻了一番。

　　在压轴表演中，我铺上一张垫子，让志愿者躺下，然后变戏法般地将刀子从他的脚趾上方一直耍到他头顶上方。在数十场表演中，只有一名志愿者在看到黑暗中闪烁的刀子时恐惧地站了起来然后走开了。让其他志愿者留在原地的不是我，而是表演时包容性的环境。

　　街头卖艺所创造的空间是支撑街头表演进行下去的无形的重要因素。不同形式的街头卖艺的微观经济效益是非常明显的。"打发时间"一个小时，我能得到1000比塞塔的报酬（这是多么艰苦的工作啊）；而"表演"15分钟，我就能得到5000比塞塔的报酬。天气好的时候，如果我的表演得当，我可以在两个小时内表演四五个节目，然后拿到25000比塞塔。多么精彩绝伦的表演！

　　我看到过将七个球同时抛向空中的杂耍艺人、骑着像灯柱一样高的独轮车的小丑，以及灵活地爬到队友肩膀上的杂技演员，但无论他们的技术多么高超，如果他们不知道如何创造和保持一个支持性空间，他们的街头表演就永远不会成功。同样，如果领导者或管理者不学习和使用打造"容器"的技巧，一场艰难的对话就永远不会获得成功。

如何建造"容器"

建造"容器"既是一门科学又是一门艺术，许多领导者从未学习过相关内容。而学习这门艺术和科学可以改变一切。

我们通过子宫这个容器来到这个世界。自然界的容器比比皆是。河流需要河岸，幼苗生长在花盆或温室中。无论是小说、诗歌、歌曲、一项战略还是一个激情澎湃的目标，每一项重要的创造性努力也都在一个包容性环境中开始。有了这样一个容器，原本无从谈起的东西便成为可能。

"容器"既有物理层面的，也有非物理层面的。在有形的层面上，容器是我们所在的房间，但同时也包括其中的照明、声音和空气质量。如果有自然光，则有助于营造宽敞的空间感。一个远离开放式办公室的喧闹的安静房间，能让人们在交谈中共同思考。敞开的窗户可以透进新鲜空气，租借办公室外的场地可以减少常规工作环境的干扰，因此其成本可以得到回报。

作为对话的领导者或召集人，需要考虑如何布置会场。有意识地选择椅子的摆放方式——一圈椅子所营造的亲密感是一排排摆放的椅子永远无法复制的。在一个没有桌子可供躲藏的房间里进行的对话，可以获得在常规的会议室讨论中通常无法获得的成效。

"容器"还包括更多无形的层面。如今，我们经常听到有人说，拥有心理或情感上的安全空间是多么重要，这是正确的。但仅有安全感是不够的。艰难的对话需要一种充满可能性而不仅仅是保护性的氛围。对话不仅需要我们投入精力，也需要我们投入感情；一起交谈和思考不仅需要我们的头脑，还需要我们的心灵和勇气。街头表演的经历告诉我，安全固然重要，但仅有安全是不够的。

我将在第七章和第八章详细介绍如何在团队和有多方利益相关者参加的小组中创建对话容器。在下一章，我将在如何为自己及为他人打造对话"容器"这两个更基本的层面展开解读。

回到本章开头的"转折"时刻，当首席执行官慢慢做出回应时，所有人的目光都集中在他身上。他低下头，然后环视了一圈他的团队。我感觉到，刚才他好像还在高尔夫球场上愤怒地重温电话的内容，但现在他又回到了房间里，全身心地投入其中。

他说："对不起。我意识到我刚才说话的方式很不好。"

这一简单、谦逊、真诚地承认错误的反应是会议的转折点。

我和我的共同协调人与小组成员一起精心营造的氛围，足以承受有人"向权力说出真相"所带来的不适。在两天的时间里，我们都以"签入"活动开始，鼓励平等发言，鼓励大家把所有的意见都带到会议室。我们制定了一些明确的基本规则，以确保安全，并将小组成员的电话放置在隔壁房间的"育婴室"里，以尽量减少干扰，鼓励人们保持专注（有关这些做法的更多信息，请参阅第八章）。

有了我们的"容器"，团队就能谈论对他们来说真正重要的事情。团队成员之间的对话揭露了一些主要问题，有助于银行朝着正确的方向发展。他们还讨论了如何共同快速弥补已造成的损失。他们还同意六个月后再举行一次领导层务虚会，这无疑表明团队已逐步开始形成。

"转变正在发生。"当我们在回家的飞机上交谈时，我的共同协调人说道。这让我想起了美国作家乌苏拉·K. 勒奎恩（Ursula K. LeGuin）的话：

她在关于人类真实对话的魔力的动人文章中写道："语言改变着说话者和听话者；它们在说话者和听话者之间来回提供能量，并将其放大；它们在说话者和听话者之间来回传递理解和情感，并将其放大。"

当有一个"容器"来容纳我们的语言和情感时，我们的对话就会以一种意想不到的方式展开，并走向一个意想不到的结局。我们的本能反应减少了，创造力增强了，对话更有能量。我们不再感到焦虑和沮丧，而是寻找适合每个人的解决方案，去释放尚未开发的潜能。

⫻ 本章小结 ⫻

1. "容器"是一个充满安全感和活力的空间，它能让人们敞开心扉，畅所欲言，而不是陷入防御和封闭的状态。缺少了"容器"，困难的对话就会变得更加棘手，甚至无法进行。

2. 领导者不仅要关注谈话的内容，还要关注更多无形的方面，比如谈话的氛围等。许多管理者和领导者忽视或忽略了谈话中更为微妙的方面，尽管这些方面对谈话的质量有着重要影响。

3. 在安全、充满活力和可能性的积极氛围中，即使是棘手的问题，大家也可以一起讨论。"充足的情感空间"是高绩效团队的一个重要特征，它为高效行动提供了可能性。

4. "容器"有物理和非物理两个层面。物理层面的容器包括你所处的房间、灯光和声音质量以及房间的布置情况等。非物理层面的容器包括谈话人的音调、空间氛围和谈话者的积极程度等。两者都很重要。

如果你现在只能做一件事……你的谈话必须在一个支持性的环境中进行。你自己说话的方式对营造这种氛围起着至关重要的作用。注意你说话的语气。培养一种尊重、开放和诚实的态度。不要专横跋扈，也不要咄咄逼人。怀抱好奇心探索自己说话的内容和方式，尝试使用"请告诉我更多关于……"的句型。

第四章
保持冷静

——

不管是什么触发了你，都是你自己的问题。

——里奇·诺顿（Richie Norton）

当我们被某个人的行为"触发"时，我们可以做出更有效的反应，而不是类似于"膝跳反射"的本能反应。了解自己的"触点"，就能让自己从原始的本能反应中暂停一下，从而让自己的本能不再破坏正在进行的对话。我们有三种反应模式（攻击、退缩或默许），忽视它们会给我们带来危险。通过后退一步冷静观察，你可以更清楚地看到自己的反应模式，并挖掘出"更有创造性的自我"。随着你内心状态的改变，当需要就棘手的问题进行对话时，你就会变得更淡定从容。

她叫布里奇特（Bridget），我们互相说完"你好"后还没开始交谈，我就从屏幕上感受到了她的悲伤。听她说话就像在听一个多年没有进行过深入交谈的人倾诉。对布里奇特来说，她也正试图在一个陌生的环境中交流——和一个她几乎不认识的人。当她的话语突然接二连三蹦出来时，她假装一切都很好的伪装也暴露了。在一声颤抖的叹息和沉默后，我温和地说：

"慢慢说。想说多少就说多少。"

"我觉得……我觉得……我的整个人生都在流逝。我的人生……我……我将无处可去。"

布里奇特停顿了一下，她缓缓说出的话让我们之间的沉默变得更加漫长。

"我觉得……卡住了。在个人生活、职业和精神上都卡住了。我对自己感到沮丧，害怕迈出下一步。"

"你想要什么？"

"我希望在个人生活、工作和感情中都能向前迈进。"

"你怎么知道自己做到了？"

"我会感觉自己更轻松、更自由。"

"那么是什么阻碍了你？"

"我为自己找借口。我有肠易激综合征，我有阅读障碍，我有很多毛病……"

"迈出下一步会给你带来什么？"

"更强的联系感——与我的工作、我的创造力，但最重要的是，与我的伴侣。当我与伴侣有更强的连接时，那感觉很神奇。我想延续这种感觉。"

"我能帮上什么忙？"

"我真的很难与人交谈。我和我的伴侣很难沟通。我很难找到合适的词语……更好的对话，更好的关系，对我来说就像下辈子的事。"

布里奇特讲述了她最近离开伦敦来到伊普斯维奇生活，并创办了自己的企业的事。为了补贴她尚在初创期的企业，她在当地找了一份兼职工作。工作很辛苦，也让她付出了代价。

布里奇特说："我是养家糊口的人。我的伴侣利亚姆是一名音乐家，收入不高。我很沮丧，因为我们的钱太少了。我心中的委屈没人倾诉，所以当我们吵架时，我就指责他拖我后腿。"

布里奇特开始低声哭泣。我看到她的眼泪扑簌簌掉在膝盖上。

"我真是个巫婆!"布里奇特叫道，开始直抒胸臆了。"我对钱有太多的恐惧。我对利亚姆工作少、收入低感到不满。我们争吵，我大发雷霆。我总是怒吼'我要走了'，但我还是留了下来。这是我们间一次又一次上演的恶性循环。"

我等着布里奇特继续倾诉。

"我没有实现我真正想要实现的目标。我没有发送我需要发送的电子邮件，我没有拿起电话创建新的联系人，我没有以我知道的方式发展我的业务。"

"是什么阻碍了你?"

"我为自己找借口：我是个逻辑混乱的阅读障碍者! 或者我告诉自己，家里乱糟糟的，我没法工作，所以我就开始收拾东西，而不是工作。当我收拾完之后，我又告诉自己，我太累了，不能再做任何工作了。我失去了动力。"

布里奇特的极度坦诚给我留下了深刻的印象。

"我陷入了自我破坏的怪圈。我忽视了自己的需求，因为我确实需要在一个有序的环境中工作，但我也需要谋生。如果我不踏踏实实地工作，就会引发我所有的恐惧，我会担心自己会破产、孤独终老，住进无家可归者的收容所。"

布里奇特长出了一口气。

"我和利亚姆都在我们面积很小的家里工作。我们有单独的房间，但当利亚姆进来打断我时，我会觉得非常沮丧——即使他是在端一杯茶给我喝!"

"你如何回应？"

"我会说'现在别跟我说话''走开'或'别烦我'之类的话。过去我们也遇到过这样的问题，当我准备和他断绝关系时，他就会像个孩子一样对我进行反击。我进一步疏远他，然后我们的关系变得一团糟。我想改变这种模式，但我不知道该怎么做。你知道吗？"

我有一个想法，但可能不是布里奇特所期望的。保持冷静——无论是在商务场合还是在亲密关系中——意味着我们要将我们的注意力集中在我们最大的砝码上：我们自己。正如领英首席执行官瑞安·罗斯兰斯基（Ryan Roslansky）所言，"这可能不在我的领英简介上，但我认为我早期掌握的最重要的技能就是学会如何管理自己的心理状态。"

了解是什么触发了你

当你的内心状态变得不利于你或你所处的情境时，你就知道你的"按钮"被触动了。你原本良好的心情被满满的怨恨填满；恐惧使你瘫痪，而不是产生警觉；生气升级为愤怒，而不是作为设定界限的方式；悲伤演变成了慢性抑郁。如果你表达出这些浓烈的情绪，你就有可能"失控"并伤害他人。但如果你压抑这些情绪，你就有可能伤害自己，比如引发某种疾病。

神经科学的最新研究表明，社交场合中的某种特定威胁如何影响我们一起交谈的能力。经济上的不确定性或与社会身份高于自己的人交谈会刺激大脑网络，这与我们的主要生存需求（如食物和水）面临威胁时的情况类似。一旦掌管我们的情绪反应的边缘系统被激活，它就会让我们设法避开某种情况，从而将威胁降到最低。所有这些都是在无意识的情况下自动发生的，而且速度非常快——反应时不到 1/5 秒！

位于我们大脑边缘系统的过度警惕的杏仁核很容易被触发，因为它对威胁的敏感度要高于对奖励的敏感度。一旦我们的应急反应开始起作用，我们的认知能力就会下降——因为我们的前额叶皮层（我们的思维大脑）可用的资源——氧气和葡萄糖——减少了。哪怕我们对情况进行了思考，也可能没有任何新的见解。

有五种关键性的社交威胁构成了潜在的压力源，戴维·罗克（David Rock）将其总结为缩写词 SCARF。如果不提高对这些社交威胁的认识，你就更有可能停留在习惯性的反应中，而不是突破自我，做出创造性的反应。这些威胁你的因素是：

- 社会地位（Status）。例如，与老板谈话、接受绩效考核或被排除在会议之外。

- 确定性（Certainty）。例如，对金钱的担忧、某人自相矛盾的行为、不知道他人对自己的期望或感觉到某人没有告诉你真相。

- 自主性（Autonomy）。例如，感觉自己处处受钳制、被单方面指使或被告知该做什么。

- 相关性（Relatedness）。例如，在做某个项目时感到被孤立、没有被告知某个信息或某人的行为不值得信任。

- 公平性（Fairness）。例如，对不同的人有不同的规则，因人改变规则等。

一旦你提高了对这些触发因素的认识，你就会从"被触发"转变为"主动拥有"某种内心体验。这种微妙但强大的内在变化能让你找到内心的稳定。当你了解自己的触发因素时，你就能做到：

- 更加客观。你看到的是此时此地的情况。例如，你承认自己有处处受钳制的感觉，或认为情况不公平。这让你不再否认或陷入无意义的指责中。

- 复盘总结。认识到这些触发点的本质是对你的社会地位的威胁，有助于你管理自己攻击、退缩或默许的反应模式。你可以提醒自己，尽管肾上腺素在你的血管中飙升，但你的福祉或安全并没有受到明显的威胁。

- 按下暂停键。当你的"思维大脑"被"情绪大脑"劫持时，重新唤醒它需要时间，但即使是短暂的停顿也会有所帮助。做几次深呼吸、数到十或喝杯水，都会产生一个"选择时刻"。然后，你就可以选择下一步该做什么或说什么了。

要了解是什么让你惶恐不安，请参阅练习7——注意那些触发你的因素。

练习7 ■ 注意那些触发你的因素

1. 回忆或预想一次困难的对话。反思你所经历的威胁。SCARF 列出的威胁因素并非详尽无遗，但你可以用它来启发自己的思考。例如，你是否认为谈话对你的社会地位、确定性、自主性、相关性、公平性（或某几种的组合）构成威胁？

2. 现在观察你的反应。注意你内在经历的四种反应：

- 身体。你身体的感觉，例如，心跳加速、呼吸加快、胸闷或翻白眼。
- 情绪。例如，焦虑、愤怒、恐惧、心痛等。
- 认知。你的想法，例如，不相信（"他们怎么敢这么做"）、沮丧（"我永远无法说出我的真实想法"）、害怕（"我会让自己难堪"）。

- 叙述。你告诉自己关于自己或对方的故事（例如，"我在这种事情上很糟糕"或"他们从来不听"）。问问你自己把自己当成了谁？又把对方当成了谁？比如说，你是否把其中一个人塑造成了受害者或恶棍的角色？

3. 一旦你意识到自己的反应，就把它记录下来。这将帮助你"拥有"它。当感觉被写在纸上时，你注意到了什么？写出你的压力源会有什么不同？例如，你可能会意识到对你的自主性的威胁是可以承受的，因此你会放松一些。如果你"看到"了自己对他人的"坏人"投射，会让你感觉更清醒吗？

4. 现在反思一下这个练习。当你看到是什么让你感到有压力时，是否会对自己有更多的理解和同情？你如何体验从被你的内心体验控制到你"主动拥有"它的微妙转变？如何利用这种意识为自己创造"选择的时刻"？

当布里奇特和我探讨她的触发因素时，她放大了SCARF模型中的"C"，即确定性。

布里奇特说："和利亚姆交流感觉很困难。但困难的原因是我对我们的财务状况缺乏确定性。"

我停顿了一下，让她慢慢意识到她这新的见解。

布里奇特接着说："我很容易分散自己的注意力，把所有的焦虑都集中在他身上。我开始意识到我可以更加专注。

我不是很自律。是我自己不够专注让我感到苦恼。我不想再这样迷茫下去了!"

当情绪越来越强烈时

知道是什么触发了你,你就能更仔细地审视自己的反应。在谈论棘手的问题时,有很多障碍会阻碍我们。有人可能会走出房间、提高嗓门或拍桌子以示抗议。这种反应发生在一瞬间,但其影响可能会持续更长时间。如果你有过把玩具从婴儿车里扔出去的经历,你就能体会到那种"我再也不跟你们玩了"的绝望感。

或者你的内心有强烈的反应,但你选择屈服于现状,没有说出你真正想说的话。在这样的情形下,你并没有进行真正的交流,而是为了维持和平而让步。然而之后的日子里,悔恨会啃噬你,痛苦会折磨你;怨恨在发酵,而问题仍未得到解决。

你也许认识一位完全回避困难谈话的经理?又或者你就是那位经理?逃避问题的工作方式可能会带来短期的解脱——不必面对伤感情的混乱局面——但从长远来看,绩效会下降,错误会发生,人际关系也会破裂。

如果你发现自己处于上述三种情况中的任何一种,那么你并不孤单。2015 年对全球领导者进行的一项研究发现,70%~80% 的领导者处于"被动"模式,他们关注的是

"快速取胜"而非长期成功。再加上苛刻的客户、脾气暴躁的首席执行官或咄咄逼人的竞争对手，难怪许多领导者会被快速"灭火"、解决问题和飞速思考的挑战所困扰。当需要进行对话时，谈话者潜在的情绪反应可能会破坏一场必要但艰难的对话。无论是暴躁的脾气、沉默寡言的态度，还是悄悄作祟的防卫心理，都会导致对话脱轨。

提高对自己的反应倾向的认识，就有可能改变这些模式。你会为他人说话，而不是让自己高高在上；你不再把他人的需求放在首位，而是为自己的需求做出明智的选择；你不再害怕交流，而能把超脱的智慧带进对话中。

了解自己的"被动倾向"是摆脱特定限制、发挥自身优势的关键。它还能让你为自己创造一个容器：一个内心稳定的地方。你的情绪反应越少，你的沟通就越有创造力。

两个自我

看看下面这两个词，它们描述了对话中可能出现的两种心态：

反应性的（Reactive）
创造性的（Creative）

请注意，字母"C"的位置是不同的。正如尼尔·唐纳德·沃尔什（Neale Donald Walsch）所说："当我们正确地看待事物时，生活就会变得有创造力，而不是更加有情绪反应。"

要成功地处理一次困难的对话，正确的态度——"C"态度——能帮助你摆脱被动的状态。这样，你就能获得胜利。

获胜的真正关键在于我们的内心而非外部。正如 W. 提摩西·加尔韦（W. Timothy Gallwey）在其畅销书《内在心态：超越评判、释放潜能的内在秘诀》（*The Inner Game of Tennis*）中写到的那样，内在技能的发展释放了我们的能量。他观察到，培养内在技能（如以一种放松的心态集中注意力）的网球运动员比只注重外在技能（如打出有力的反手球）的运动员取得的成就更高，这不仅适用于网球，也适用于对话。

内在游戏的本质是我们每个人都拥有两个内在自我的模型。我们的反应性自我（自我Ⅰ）包括我们的判断式思维、内心的批评和"过度努力"。在网球场上（在会议室里也一样），它会导致球员的注意力不集中、紧张焦虑、自我怀疑和自我谴责。我们的自我Ⅰ的批评是"一箭双雕"式的，它既可以刺痛当事人的内心（"我真是个失败者"），也可以刺痛他人（"他们真是白痴"）。当我们紧张、想得太多或过度控制局面时（比如冲着给我们端茶倒水的队友吼叫），"自我Ⅰ"就会占据上风。在网球比赛中，它会干扰我们的发挥，使我们的反手或发球动作僵硬。在会议室里，我们的"自我Ⅰ"会引导我们攻击他人、插手会议议程，并试图强迫大家按照自己的意思行动。

　　我们的创造性自我（自我Ⅱ）则是自发的、冷静的。它不带任何评判，可以以一种毫不费力、轻松自如的方式保持自然专注。我们的自我Ⅱ允许事情发生，而不是试图让它发生。我们的注意力会毫不费力地集中在此时此地。我们引导自己的思维，而不是让它喋喋不休或咆哮抱怨。在对话中，当我们从"自我Ⅱ"出发说话时，我们会清晰而亲切、诚实而敏感地说出我们需要说的话。我们让对话顺利进行，相信该说的话都会被说出来。

　　下图（图 4 - 1）给出了"自我Ⅰ"和"自我Ⅱ"的主要特征。

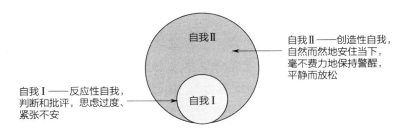

图 4-1 "自我Ⅰ"和"自我Ⅱ"

　　要想网球打得更好——或想要对话进行得更顺利——关键在于改善反应性自我与创造性自我之间的关系。这并不是要摆脱"自我Ⅰ"。我们拥有反应性自我是有充分理由的（我们将在下一章了解"超我"时再讨论这个问题）。我们要做的工作就是了解自己的反应模式，然后保持对它们的觉察。这会让你的自我Ⅰ安静下来，让你的自我Ⅱ浮现，并让你有能力面对并处理他人的防御性行为。

三种反应倾向

我们前面已经谈到了反应倾向。有三种关键的被动倾向会妨碍我们成功地处理棘手的问题。你可以把它们看作是三个不同版本的自我Ⅰ。德国精神分析学家卡伦·霍尼（Karen Horney）于1945年首次阐述了这一框架。她观察到，面对成人世界的威胁，儿童会产生三种防御性反应。他们会靠近他人、反抗他人或远离他人。鲍勃·安德森（Bob Anderson）和"领导圈"（The Leadership Circle）的同事们为领导者们调整了这一框架。下面我将对其进行解读，探讨如何更好地洞察自己的情绪反应。

反应倾向是一种我们在童年时期可能就已形成的生存策略，以应对压力和焦虑。但是，早年颇有作用的反应模式在成年后可能意味着功能失调，尤其是在无意识的情况下。儿童的三种反应倾向是：

"靠近他人"。这种倾向受到渴望被喜欢、被爱和寻求安全感的欲望的强烈驱动。有这种倾向的人在寻求认可时，会把他人的需要放在自己的需要前。在交流中，他们不太可能提出有争议的问题或直言不讳。

"反抗他人"。那些对自己和他人有强烈的控制欲的人会展现出这种倾向。对他们来说，重要的是获胜，有时甚至可以不惜一切代价。有这种倾向的人在与他人交谈时可能会持批评的或完美主义的态度。他们可能不承认自己正是使对话陷入困境的重要原因。

"远离他人"。有这种倾向的人重视独立和自足。他们更喜欢理性地打交道，而不愿意身处高风险的对话中，因为在高风险的对话中，人们可能会变得不理性。他们不愿谈论感情，当别人表达情感时，他们会感到不舒服。

布里奇特对伴侣的愤怒态度更像是一种与他人的"对抗"。她无法控制自己的不稳定情绪，而这严重破坏了她的对话质量以及她与伴侣的关系。无论我们的反应倾向是哪一种，应对的第一步总是相同的：看到它，清楚地说出它的名字，这样它就不会继续破坏我们与他人的联系。

让自我丨安静下来

如果能让反应性自我更加清醒，你就创造了转变的可能。每种反应倾向都有其核心理念和一系列需求（更多信息请参见表 4-1）。在困难对话中，我把这三种反应模式分别称为"安抚者"（靠近他人）、"对抗者"（反抗他人）和"回避者"（远离他人）。

表 4-1　困难对话中的三种反应模式*

模式/趋势	安抚者	对抗者	回避者
	服从：靠近他人	控制：反抗他人	自我保护：远离他人
核心理念	只要你喜欢我、爱我就没问题；只要我被接受、认可就没问题	只要我能说了算、能有结果、能赢就没问题	只要我足够精明、自给自足、保持一定的距离就行
需求	爱、亲情、和谐、认可、关系	个人成就、完成任务、钦佩	独立、理性的视角、超脱
缺陷	• 害怕被拒绝 • 放弃太多主动权 • 不惜一切代价维护和平 • 以不适当的方式升级问题 • 谨小慎微地行事 • 不说实话	• 害怕失败 • 内耗太多 • 完美倾向 • 攻击他人 • 不能聆听他人 • 以忽视他人的代价赢得胜利 • 批评他人时看不到自己的问题	• 害怕暴露自己的脆弱 • 忽视人际动态 • 万事通 • 每次都认为自己正确 • 挑别人论点的漏洞 • 显得冷漠疏远 • 难以接触
优势	• 忠诚 • 共情能力 • 感知他人的需求	• 活力与动力 • 直言不讳 • 执行力	• 保持冷静 • 纵观全局 • 超然的态度

＊　根据卡伦·霍尼和鲍勃·安德森的研究成果改编。

　　要了解自己的反应模式，请完成"领导圈"提供的免费线上自我评估（https://leadership-circlecom/free-self-assessment）。完成测试后你将收到一张"图表"，显示你这三方面倾向性的强弱（以及你在 18 种创造性能力方面的自我评价）。这些将直接影响你的对话方式。

　　无论是否有自己的图表，当谈话开始变得困难时，想想自己的反应模式。当压力来临时，接下来会发生什么？探索表 4 - 1 以及其中最能折射你自己的核心理念、需求、缺陷和优势的描述。

相信自我 Ⅱ

　　当你更清楚地看到自己的倾向后，你就可以做出积极的改变。当你知道自己的反应倾向模式（或模式组合）是什么时，你就可以利用这种意识来提高你进行困难对话的能力。正如斯多葛派哲学家、罗马皇帝马库斯·奥勒留（Marcus Aurelius）所言："行动的障碍会推动行动；阻碍行动之物会成为行动的方向。"

　　每一种反应模式都蕴含着一种隐藏的天赋：

- "靠近他人"（或顺从型）的"安抚者"会带来心灵的礼物，如忠诚、对他人的敏感和高情商。
- "反抗他人"（或控制型）的"对抗者"会带来意志的馈赠，如能量和动力、实现变革和追求卓越成果的愿望。
- "远离他人"（或自我保护型）的"回避者"会带来智慧的馈赠，包括超脱的敏锐度、与众不同的视角，以及退一步看全局的能力。

与其暴跳如雷、沉默不语或屈服，你可以找到更有创意的应对方法。请参见表 4-2 "创造性的反应"，了解相关的想法。

表 4-2 创造性的反应

模式/趋势	安抚者	对抗者	回避者
	服从：靠近他人	控制：反抗他人	自我保护：远离他人
试试这种做法吧	• 设定界限并保持，例如"我只有一个小时的谈话时间，所以我们开始收尾吧" • 提出明确的请求，例如"我真正想要的是……" • 陈述你的观点，例如"我认为……工作方式效果并不好"	• 聆听并总结后再插话，例如"概括说来，我认为你的意思是……" • 检查你是否理解了对方的意思，例如"你表达的是……" • 先让对方把话说完，然后再接话	• 找到一种既能说出你的情况，又不会太暴露自我的方式，例如"这件事对我的影响是……" • 观察正在发生的事情，分享你的所见所闻。例如"我注意到……" • 当你觉察到一个两难之境时，请说出这个困境，例如"有两个选择，我想知道哪个选择不那么痛苦"

例如，如果你知道你倾向于安抚和"靠近他人"，你就可以将你对他人的同情导向自己。在进行一次困难的谈话之前，你可以问自己，我需要什么？如果我不需要他们的赞成，我需要的是什么呢？这种自我询问降低了你在说话时盲目顺从的风险。

　　我的一位教练客户希望每周工作三天，以拥有更健康的生活方式。每当她想到要和老板讨论这个问题时，她就变得焦虑不安。当她意识到自己一想到被拒绝的可能性就会退缩的倾向时，她写下了她想改变工作模式的所有积极理由，以坚定自己的决心。她利用自己善于为他人着想的天赋，找出了几种在交接班时为老板提供支持的方法。当她开始正式与老板对话时，知道如何处理自己的反应模式使她保持稳定的心态。老板最终同意她每周只工作三天。

　　另一方面，如果你倾向于回避和"远离他人"，你可以通过写下说出自己的想法和保持沉默各自的风险和好处来挑战自己，许多教练客户发现，保持沉默的风险要大于说出想法的风险，即使说出想法会让他们有一些不适。

　　让你化被动为主动的关键在于你如何看待自己。你将自己从对被认可、控制局势或远离他人的情绪需求中"解脱"出来；你不再根据别人对你的看法来定义自己。你的自我价值由内而外地涌现出来。这种观念的转变为你创造了一个稳定的环境，在这里你可以自发而不是被动地做出反应，这将改变你处理艰难对话的能力。要想在这方面进行更多探索，请完成以下的练习8——从被动反应转向主动创造。

练习8 ■■ 从被动反应转向主动创造

　　反思一下你在某次谈话中被激发出的反应心态（无论是靠近他人、反抗他人、远离他人还是某种混合心态）。完成下面句子：

1. 妨碍我顺利进行这次谈话的原因是……

2. 我这样做的正确理由有……

3. 在类似情况下，我可以借鉴的一种不同的行为方式是……

4. 我可以通过利用……来做到这一点。

看到他人的反应

当你安顿好"自我Ⅰ"，并开始信任"自我Ⅱ"时，你会体验到心灵的宁静与清澈。你的身体不再那么紧张。你能感觉到什么是"正确的行动"。你的能量场会散发出专注的魅力，能让他人感觉精神集中。

我将在下一章详细介绍还可以做些什么来"找到自己的位置"（比如找到你的开场白）。下面我将介绍如何利用"反应性—创造性"框架来为困难的对话做准备，具体做法是问问自己对方最有可能出现三种反应模式中的哪一种：如果他们的情绪被触发，他们更倾向于做"安抚者"、"对抗者"还是"回避者"？通过了解他们的性格特征，你可以确定使用的策略，尤其是在谈话开始变得紧张时（见表4-3）。这些策略旨在创造一个足够安全和充满活力的空间，让对话持续下去。

我之前提到的那位教练客户希望每周工作三天，她指出她的老板更像一个"回避者"。她预料到老板不愿意表明自己的意见，这可能会拖延她是否要继续工作下去的决定。在谈话结束时，她继续保持势头，说道：

"您慢慢想，准备好了我们可以再谈。"

随后，她又发了一封电子邮件感谢老板的信任，并在信中表示一周后再联系。接受老板的疏远倾向意味着她可以调整自己的沟通方式，让对话进行下去。

表 4-3　处理另一个人的反应倾向

模式/趋势	安抚者 服从：靠近他人	对抗者 控制：反抗他人	回避者 自我保护：远离他人
试试这样做	提供保证和支持： • 让他们能够安全地提出挑战 • 鼓励他们提出不同意见	• 告诉他们何时需要后退一步 • 告诉他们能如何提供帮助 • 如果他们开始垄断谈话，就进行干预	• 分享你对他们观点的重视程度 • 引导他们大声说出自己的观点 • 为他们腾出时间，他们才会为你腾出时间
你可能会说	• 我很感激你 • 你需要什么？ • 我能为你做什么？	• 你可以这么为我提供帮助 • 我现在想说说我的感受 • 我们能一起创造出什么成果？	• 我很重视你的意见 • 现在我们可以利用哪些信息？ • 慢慢想，准备好了我们再谈

从怒气冲冲到和颜悦色

我与布里奇特的辅导对话持续了几个月。在此期间，她与丈夫利亚姆的关系发生了重大变化。他们俩来找我讨论如何提高对话技巧。他们共同做出了一个明确的决定：开始尝试要一个孩子，并定期存钱当作买房的押金。

布里奇特在我们最后一次通话时说："我和利亚姆的沟通方式真的变了。过去，我们经常会争吵。这段时间，我们真的可以待在房间里一起聊天了。"

"你们的交流方式有什么变化？"

"我更支持他了，不再像以前那样对他妄加评论。我们认识到，我们之间的差异会让我们变得更强大。利亚姆善于深度思考，而我思维敏捷。我们俩在一起可以成为一个很棒的组合。"

"你们交流的转折点是什么？"

"看到自己的缺点，然后承担责任。一旦我看清了自己的模式，我就会慢慢鼓起勇气去承认它们。我开始明白自己是如何陷入了一个一定要让自己正确的怪圈。我意识到这对我和我们的关系都很不利。"

我能觉察到轻松感从布里奇特的身上散发出来。我被这光芒温暖着。

布里奇特说："我今天笑着走在街上。意识到我要改变的不是利亚姆，而是我自己，这让我感到很神奇。我感到很平静。"

"好棒，"我说，"你的进步真大。"

"生意也越来越好，"布里奇特分享道，"我更新了网站，有了一些新客户，接下来几周还有很多预约。"

布里奇特已经完成了她的工作。她学会了从反应中解脱出来，从而能够发挥自己的创造力。看到这种转变，我感到非常高兴。

// 本章小结 //

1. 明确哪些因素会刺激你。使用 SCARF 框架来识别对你的社会地位、确定性、自主性、相关性和公平性的威胁。这种意识能让你看清是什么原因让对话显得如此困难。

2. 当你被触发时，了解自己的"反应模式"。有三种主要的模式：安抚（靠近他人）、对抗（反抗他人）和回避（远离他人）。

3. 提高对自身反应模式的认识，可以降低情绪失控导致谈话脱轨的风险，并使其他行为成为可能。

4. 安抚（靠近他人）的行为是出于对认可、安全和支持的需要。如果这是你的模式，那就挑战自己，在困难的对话中提出问题或说出自己的想法。

5. 对抗（反抗他人）是由于需要掌控、获胜和取得成果。有这种倾向的人可以尝试软化自己的态度，承认自己也是造成困境的原因，从而从对话中获益。

6. 回避（远离他人）是一种寻求情感独立的反应模式。如果你认同这种模式，请努力参与对话，并允许他人谈论自己的感受，即使这让你感觉不舒服。

7. 了解对方的反应模式有助于维持良好的对话。提前想好如果对方被激怒，你会怎么做以及怎么说，这样可以增强你的信心和能力，做出更有创意的回应。

如果你现在只能做一件事……当你发现自己反应过度时，请暂停一下。扫描你的身体，找到你有强烈感觉的地方（胃部痉挛、心跳加速、呼吸急促等）。把注意力集中在那里，在说话前进行深呼吸，以保证你做出的是一种平和的反应，而不是怒气冲冲地反驳。当你越来越频繁地这样做时，就会发现自己变得更平静、更能活在当下，也更能放松了。

PART TWO

第二部分
四大秘密

第五章
安住内心

——

我一直在交谈，其中大多时候是在自我对话上，部分时间是
在与其他人的交谈上。

——马克·吐温（Mark Twain）

要想在对话中建立自信，"安住内心"至关重要。我们经
常会因为脑子里喋喋不休的声音而无法完全投入，因而很容
易失去立足点。通过提高对对话的意识，你就能处理好内心
批评的声音，从而与他人进行更好的对话。在对话前做一些
准备工作，可以让你找到开场白，然后谈论重要的事情。

现在回想起来（已经是20多年前的事了），那一刻并不好受。我
的老板刚爬了三层楼梯，就在走廊里被我逮个正着，当时她刚参加完
每月一次的部门心理学家会议。我已经忘了那次会议（与会人员的职
级要高于我），也忘了她说过会议中经常弥漫着紧张的气氛。

还没等她走到办公室门口，也来不及等自己喘口气，我就贸然
开始提问：她知道公务员系统针对那些找到了接纳自己的"东道
主"部门的员工制订了一项新的借调计划吗？ 如果我能让内阁办
公室的首席心理学家同意我从谢菲尔德搬到伦敦，她会支持我吗？

妮可，我的上司，在回答"不"的时候已经不再气喘吁吁，但我能听出她的声音里有种不快。她回答说，我们部门的项目太多，心理学家又太少，即使我离开团队三个月也不行。就这样，她转过身去，关上了她办公室的大门，也关上了我事业之路上的一扇大门。

找到内心的稳定

鉴于上司的资深地位（还记得 SCARF 模型中的"S"吗？见第四章），与上司谈话可能会让人感到备受威胁。很多人在面对想要跳槽或辞职的对象时，处理得很糟糕。离职者很容易一走了之，或者对上司大放厥词。正如狄兰·托马斯（Dylan Thomas）所写：当一个人烧毁自己的桥梁时，那是多么"美好"的火焰啊。

一走了之和毫无保留地直抒胸臆的做法都是无效的。将来你可能无法获得推荐信，或者错失将前雇主变成客户的机会。所以，你既要清楚自己离职的原因，又不能过于坦率，尤其是在你感到痛苦、愤怒或受伤的时候，这两者之间很难取得平衡。

当你遇到障碍时，聆听内心的声音会对你有所帮助。意识到自己内心的唠叨是一种"高效率"的工具。如果你没有这种意识，你与别人的对话就有可能被你与自己的对话所淹没。

"安住内心"对于困难的对话至关重要。当你做到以下几点时，你就有了自己的"坚定立场"：

- 控制你的内心对话。我们大脑中喋喋不休的唠叨以看不见的方式影响着我们的对话。先看到自己的内心对话，你就有可能改变它。

- 处理自我挫败的想法。如果不加以干预的话，我们内心对话的默认设置就会充满自我否定的想法。而当它的基调被改变时，外在的可能性也会随之改变。

- 找到开场白。对话中最难的部分往往是开头。知道开头要说什么，有助于你跨过障碍，开始讨论重要的事情。

我们将围绕上面这几点逐一进行讨论。

控制内心对话

许多对话之所以困难，是因为我们认为它们会脱轨。我们对对话的期待会影响对话的结果，就像在生活中的其他方面一样。如果你一开始就认为对话会是一场噩梦，那么它通常就会成为一场噩梦。如果你以平静的心情投入对话，你就更有可能得到一个不错的结果。

学会管理自己的内心对话是成功对话的关键。内心的声音是非常正常的。正如神经科学家兼实验心理学家伊桑·克罗斯（Ethan Kross）在《喋喋不休：如何利用我们脑海中的声音》（*Chatter：The Voice in Our Head and How to Harness It*）中写到的："它是我们大脑的基本特征。"许多人的大脑都有喋喋不休的习惯，但这并不会让我们变得很疯狂或很糟糕。

你的内心对话既是一种负担，也是一种财富。你对内心喋喋不休的觉察能帮你取得平衡。你内心滔滔不绝的话语可以是你最糟糕的批评者，也可以是你最好的教练；它可以是你最有用的超能力，也可以是你的毁灭氪石（毁灭氪石是电影《超人》中的外星矿物，可用于剥夺超人的神奇能力）。

人们可以采取说或做一些事情的方法来改善他们的内心对话以及与他人的对话，包括自言自语、注意身体的感觉以及利用你的意识来重新调整你的注意力（这一点稍后再谈）。

现在，你可以暂停一下，听听你内心的声音在说什么。想象一下，把麦克风放在你的脑袋里：它会听到什么？可能是："我真的没有时间读这本书。我太放纵自己了。"或者是："我希望她能快点开始，找到更多的工具和策略。"又或者是："我本想给家里打个电话，结果却一直在读这本书。就像我忘记了一样。"

你可能会注意到，这种内心的评论往往是负面的多于正面的。这并不奇怪，因为你心里的这种"结构"，心理学家称之为你的超我（或内心批判者），其根源可以追溯到你的童年，当时的你无意识吸收了父母或主要照顾者、老师和其他权威人物的能量（见"了解你的超我"部分）。在上一章，我介绍了"自我Ⅰ"（"反应性自我"）和"自我Ⅱ"（"创造性自我"）的模型。我们的"超我"居住在"自我Ⅰ"中。当我们与超我保持一定距离时，我们就会进入自我Ⅱ。

了解你的超我

当你变得紧张并过度挑剔时（无论是对自己还是对他人），这种"自我的活动"会使对话变得困难。要解决这个问题，你需要处理心理学家称之为"超我"的部分。也就是你内心的批判者，这种结构在你的心灵中无处不在——以至于你可能根本意识不到它的存在。

超我经常用"应该"和"不应该"、"值得"和"不值得"来对你说话。它听起来就像内化的父母或权威人物，严厉地训诫，甚至是"攻击"你。在对话中，当人们对比身份地位、蔑视别人或抬高自己时，都是"超我"在活动。即使你什么都不说，你的身体也会通过挑眉来传递轻蔑，通过红脸来传递愤怒，通过交叉双臂来传递退缩。别人对你身体语言的敏锐度比你自己意识到的要高得多。

想要进行更好对话的领导者需要意识到这种惩罚性的内在判

断。拜伦·布朗（Byron Brown）在《无耻的灵魂》（*Soul without Shame*）一书中描述了超我是如何像"扭曲的透镜"一样扭曲现实的。当超我支配着我们，我们就会不信任我们通过直觉获得的对生活的了悟。我们将抗拒成长和发展，因为超我想要维持现状。它让我们远离它认为危险的事情，比如进行诚实的对话、说出我们的真实想法等。

布朗敦促我们"脱掉"超我——他称之为"法官"——的衣服：意识到那些通常隐藏起来的、不为人知的评判、严厉的批评或谴责的声音，有助于你摆脱超我的所谓"内省"。意识到自己内心的批判，就会在你的内心为新事物创造空间：你会更加客观冷静，更加具有理解力与洞察力，也会为你的生活创造更多的希望和可能。这种头脑内部的活动可让你更容易地与别人谈论真正重要的事情。

当你需要就某个艰难的处境进行对话时，来自你内心的、没有被觉察到的声音会是一个大麻烦，尤其是当它演变成无情的、惩罚性的想法后。如果你内心的声音变成了疯狂的负面情绪，不管是针对自己还是对方，它都会淹没与你交谈的人的声音。循环往复的负面想法和情绪会让我们的自省能力变成一种诅咒，而不是一种祝福。

把注意力放在哪里至关重要。这并不是要你摆脱来自内心的喋喋不休，那是不可能完成的任务。而是要与内心的声音建立更轻松的关系，这样你的超我就不会占用你的神经带宽。如果你曾在激烈的争吵后苦苦思索，你就会明白你头脑的"执行功能"——思考、计划、制定战略——是多么宝贵的能力资源。

保持思维的"执行功能"在线，能让你在对话中保持清醒。它能帮助你为困难的对话做好准备，并在互动过程中淡定从容。你能够做出创造性的反应，而不是消极顺从、大喊大叫或敷衍搪塞（还记得这三种反应倾向吗？）。正如克罗斯所言，痛苦、消极的内心声音会"分散和模糊"你的注意力。驾驭内心的声音能让你站稳脚跟。

"暂悬"内心对话

我们已经看到，你与自己对话的质量如何直接影响到你与他人对话的质量。关注内心对话与当今企业世界的传统背道而驰。许多管理者错误地将自我反省与虚荣心或自我陶醉联系在一起，结果陷入困境。

在《论对话》一书中，伯姆用一条被污染的河流作比喻，强调我们应该关注自己是如何思考的，而不仅仅是关注我们说话的内容。如果你只专注于清洁河水，你会发现河水很快又会被污染。最好是"逆流而上"，清除污染源。如果不想让你的对话脱轨，你需要先清理自己的内心对话，而不是只关注自己说话的方式。

在这里我们需要培养的一种关键能力是伯姆所说的

"暂悬"能力。也就是把你的想法"摊开"在自己面前，以便你去仔细地审视它。就像我们把吊灯"悬挂"在天花板上，以便我们能绕着它，观察它，审视它一样，当我们"暂悬"内心的喋喋不休，我们就可以看到它是在破坏还是在帮助我们对话。"暂悬"是压抑我们的想法和采取行动之间的中间地带。这是一种微妙的技巧，但也是最有力的技巧之一，它能使艰难的谈话顺利进行。

有一个很好的工具可以帮助你"暂悬"你的内心对话。这个工具会让你回顾过去，以便更有底气地向前迈进。克里斯·阿吉里斯（Chris Argyris，耶鲁大学管理学院和哈佛商学院教授）最初开发了"左手栏"（Left-Hand Column，LHC）练习，彼得·圣吉（Peter Senge）和同事们将其发扬光大。在 LHC 练习中，你要在一张纸的左手栏写下你在一次困难的对话中未曾表达的想法和感受，在右手栏中写下你记得最清楚的对话内容。

如果你想从一次困难的对话中收获经验，请参阅练习9——LHC 案例练习，为自己完成一次对话。

练习9 ■ LHC 案例练习 ◀

1. 找出你曾经经历过的一次颇具挑战性的对话，它可能是与同事、客户之间的对话，也可能是在任何其他场合进行的对话。它可能是面对面的对话，也可能是通过视频会议或电话完成的对话，可能是与一个人的对话，也可能是与好几个人的对话。它可能涉及互相批评、团队成员之间的冲突或其他难以处理的情绪问题。

2. 找一张纸，创建一个有两栏的表格。在两栏中填写如下内容。不需要很长，甚至可以只是短短的几句话：

- 在右边一栏中，根据你的记忆将对话内容写出来。尽量做到准确无误，但如果记不清所有细节也不必担心。重点放在交流的本质上。
- 在左侧一栏，写出你当时想到和感觉到但没有说出来的话。重要的是要写出你当时的任何感受，尤其是难受的感受，如沮丧、愤怒、失望、悲伤、尴尬、恐惧或退缩（还记得三种反应倾向吗）。尽可能真实记录。

3. 现在按下暂停键，等你感觉头脑清爽了，再看这个"案例"。现在问问自己，如果我再次遇到类似的情况，我会说什么或做什么？其他有帮助的问题包括：

- 我在多大程度上表达了我在左手栏列出的想法？是什么阻止了我？
- 反思一下，如果我能依据我的左手栏来表达，会对对话有什么帮助呢？
- 哪些话保留在"括号"（左手栏）里会更好呢？

为了帮助一位名叫薇薇安（Vivien）的客户准备她与其

老板威廉（William）的谈话，我建议她先完成一个 LHC
练习。通过与她的内心对话，我相信她能看到更广阔的
图景。

薇薇安决定把重点放在某次谈话上，在那次谈话中，她
发现自己和威廉对新的客户关系管理工作有不同的理解。此
外，预算的限制也影响了所能完成工作的范围。表 5-1 给出
了薇薇安的 LHC 的前几行。

写完她的 LHC 后，薇薇安反思道：

"我总是屈服于威廉。在他眼里，不只我是个懒鬼，所有
人都是。这就是为什么他在新冠疫情之后把我们都叫回办公
室。他不相信我们能在家工作，也不相信我的专业判断力。"

薇薇安坐在椅子上，看着窗外。我们当时正坐在一家
酒店的休息室里，俯瞰着一条安静的街道，人们在清晨的
阳光下走过。

表 5-1　LHC 案例示例

我当时的所思所感，但没有说出来的部分	会上说出来的部分
我必须提出这个问题，否则我会更加气愤，因为我的时间都被浪费了，而威廉则为所欲为	薇薇安：正如我们所知，这个项目花了一段时间才能起步，我们已经进行了几次对话，以澄清在预算参数范围内进行 C 工作的方法。因此，现在预算范围发生了变化，我要申请一些额外的资金，因为需要聘请外部顾问。我们该如何在预算中调整这一点呢？

（续）

我当时的所思所感，但没有说出来的部分	会上说出来的部分
我不是这么看的！我真的很生气。他让我觉得自己很愚蠢。我只是想为品牌重新做一次策划，它将带来真正的影响力	威廉：嗯，提起这个问题已经有点晚了。这些贪婪的顾问们想要得到所有他们能做的工作，我可不希望我们被他们揩油。我们应该自己做这个工作
我一定要做成这个案子	薇薇安：我并不是这么看的。找到额外的顾问资源来帮助我们是做好事情的关键。随着情况的变化，现在这一点已经很清楚了

"你能从这次互动中学到什么?"我问道。

"当我屈服时，我就会付出代价。"

作为一个惯于"靠近他人"的人（还记得第四章中的顺从型模式吗?），我听出了薇薇安话中的真意。

"你怎样才能在下一次与威廉的谈话中运用这种洞察力?"我问道。

薇薇安说："我不要再做'好好女孩'了，"她的声音听起来平静而温暖，她的语气充满力量，"我知道该怎么做了。"

一旦你的内心稳定下来，接下来的步骤就更容易看清了。通过观察自己的内心对话，你可以看到什么是"真实"的。这可以帮助你清醒地辨别自己的"行为方式"。

处理自我挫败的想法

如果你很紧张，你就无法进行顺畅的对话。如果你能找到一种扎根于自己内心的感觉，哪怕只是一点点，那么与人谈论艰难的事情就会变得更容易。

迈克尔·尼南（Michael Neenan）和温迪·德莱顿（Windy Dryden）在他们的著作《生活教练：认知行为方法》（*Life Coaching：A Cognitive－Behavioural Approach*）中指出，我们内心的对话大多是由"ANTs"构成的——ANTs 即自动的（Automatic）、消极的（Negative）想法（Thoughts）。这些想法绵延不绝、无形无迹、不为人所察觉。然而，它们非常强大，会在不知不觉中影响我们与他人的互动。

在薇薇安的案例中，她的 ANTs（如"他让我觉得自己很蠢"）阻止了她说出自己需要更多顾问资源的想法。

"你更愿意在左手栏里写下什么呢？"我问道。

薇薇安接过纸，重新看了看她写的东西。

"慢慢来，"我说，"你要想办法让自己集中精力，让内心平静下来。"

这并不是要"欺骗"你的内心，让它相信一些它明知不是真的东西。相反，这是为了把你从旧有的思考模式中解脱出来。引用叶芝（Yeats）的话，我想让薇薇安感到"浑然一体"（all of a piece）。当我们的身体放松时，我们的精神也会放松。通往真实对话的躯体途径往往被我们忽视。

薇薇安坐回椅子上。她停顿了一下，然后写下了这些新的替换性想法：

- 我有一个请求，想与大家分享。
- 我没有必要为自己辩解。说出我的真实想法本身就很有价值。
- 我对这次会议的进展不太满意，但我会坚持到底看看会发生什么。

我说："改进对话的一个方法是将您的 ANTs 变成 PET。"⊖

"PET？"她问。

我说："你自动产生的消极想法会变成提升表现的想法。"这个说法是受认知行为方法的启发。

薇薇安看起来若有所思。我在想，这种说法听起来是不是有点夸张，于是决定再试一次。

"你内心的批评家会成为你的盟友。"

薇薇安的脸上露出了笑容。

她说："下周我可能会和威廉再谈一次。我感觉很害怕，但如果我想推进项目，还能做什么呢？"

⊖ PET 即 Performance Enhancing Thought，提升表现的想法。

有关消极自我对话和积极自我对话的更多例子，见表5-2。看看哪些能引起你的共鸣，让你的内心的唠叨浮出水面。

表5-2 消极的自我对话和积极的自我对话

消极的自我对话（ANTs）	积极的自我对话（PET）
• 你总是犯这些错误	• 你会找到出路的
• 绝对不能放松警惕	• 这并不重要
• 你早就知道的	• 下次你会明白的
• 都是你的错	• 你还有这个
• 你没有任何技能可以提供	• 随机应变就好
• 每次都事与愿违	• 没关系，再试一次，加油
• 又来了	• 事情最终会得到解决的
• 我还有很多工作要自己做	• 尽力而为就好
• 我究竟到底该怎么做？	• 这只是某人的观点，不是事实
• 每个人都在评判你	• 每个人都是不同的
• 你根本不够好	

找到开场白

一旦下定决心就困难的话题进行对话，一些准备工作是必不可少的。挑战在于，对话是一门"即兴艺术"，无法事先编好剧本。它每时每刻都在发生。正如我在《沟通的力量》一书中所说的："真正的对话，在其最好的时刻，是没有技巧的。"

尽管如此，做一些准备工作还是有帮助的。信息不明确、缺乏证据和准备不足都会导致对话脱轨。你可以：

- 收集事实和信息。例如，如果你想要求加薪，请了解其他机构支付给与你从事类似工作的人的薪资水平。
- 熟悉政策。例如，如果你想辞职，请查看通知期限以及人力资源流程如何运作。
- 安排会议。例如，如果你想给某人一些具有挑战性的反馈意见，请选择一间可以关上门的办公室。
- 选择时机。例如，如果你想拒绝一个人的年假申请，你可以决定在一天或一班的开始或结束时进行。

准备工作和即兴发挥之间需要取得平衡。做足准备工作，让自己感到踏实，而不至于在对话偏离轨道时手忙脚乱。尽一切可能做到"全神贯注"，以便在出现任何情况时都能做出反应。但是，不要过于依赖自己的临场反应能力，不做任何准备是不行的。

一些简单的技巧，比如深呼吸、慢慢数到三、说话前停顿一下，都能帮助你保持在场感。一些身体动作，如在椅子上坐直一点，将双脚平放在地上等，都是让你觉得脚踏实地的方法。在《使命驱动》一书中，我用了整整一章的篇幅来阐述"培养领导力"。

一项重要的准备工作是仔细思考你想说什么。你甚至可以提前写一个提纲。至少要想好开场白。慢慢来，你甚至会发现这让人精神振奋。可能的开场白包括：

- 谢谢你同意今天见面，我想和你讨论一些事情⋯⋯

- 有件事我想和你谈谈，我认为这将有助于我们更有效地合作。

- 我很感谢你愿意跟我谈这件事，我们的看法不同，我想更多地了解你的观点。

- 我想探讨一下，我们是否可以就以下问题达成更好的共识。我真的很想听听你们的观点，也想分享一下我的看法。

- 最近似乎出现了某种（冲突、分歧、问题）模式。我想谈谈导致这种情况发生的原因。

开场白要体现你的好奇心、对他人的尊重以及真诚的态度。在你尝试站在别人的立场上之前，确保你站在自己的立场上。要进一步探讨这一点，请完成练习 10——如何展开一段困难的对话。

练习 10 ■　　如何展开一段困难的对话

"万事开头难"，这句话用来描述一场困难的对话以及生活中的许多其他挑战都很合适。好的一面是，当你找到开场白时，你就跨过了最大的障碍。有三个步骤可以帮助你确定你的开场白。

1. 首先，想一想你要面对的情况。认真琢磨你要进行的对话，看看你想到了什么词语。让你的思维进入"不费力地聚焦"状态，这样你就能秉持一种乐于接受的态度，而不是过于费力地一定要找到最好的选择。

2. 其次，写下你想说的话（见前面提供的一些灵感）。当你这样做的时候，检查一下自己的动机。记住，对话不是为了惩罚别人，也不是为了一吐为快。对话应该是互惠互利的。你的话语应该反映你真实的想法。

3. 最后，练习大声说出你的开场白，这样你就不再需要任何笔记了。你甚至可以录下自己的声音，然后回听自己说了些什么。看看你是否能传递出真诚的沟通愿望，以推动事情向前发展。

进行一次困难的对话是一段走向权威的旅程；当你知道自己是谁，知道你想要什么时，你的内心就会产生一种权威。而这种权威使一场困难的谈话成为可能。

成功了！

回想起我与老板就借调一事进行的失败谈话，我感到很沮丧，但我决心要吸取教训。我决定先放一放这件事，等有更好的时间和地点再谈（还记得对话的"容器"的重要性吗？那时我还没意识到这一点）。

几个月后，我决定再次为这次谈话做好准备。我确保我们在她的办公室里有一段不被打扰的一对一谈话的时间。抛开内心的批评（"你怎么能想到再提这件事，你这个白痴！"），我大声说出了我精心排练的开场白。在我们 20 分钟的聊天结束时，妮可说，她看得出我很想去，并欣然同意我的提议，让我进行全面交接，并定期保持电话联系。成功了！这一次，我做到了安住于自己的内心。

"不为成功做准备就等于为失败做准备"，这句话适用于任何带有冒险性质的努力，也同样适用于（如果不是更适用的话）一场困难的对话。对话时，偏离中心会让你付出高昂的代价。你可能会后悔你说的话破坏了人际关系或限制了你的选择。如果我没有在内心找到平静，重新和我的老板交谈，我就不会搬到伦敦，成为一名对话顾问，你也不会读到这本书。

// 本章小结 //

1. 你可以通过看到自己头脑里喋喋不休的声音、处理自我挫败的想法、在困难的对话前做一些准备工作，来"安住于自己的内心"。

2. 要想驾驭你内心的声音，就试着做做 LHC 练习。看看你的超我是如何工作的。如果你的内心充斥着消极情绪，那么你的对话就会变得一团糟。清晰地觉察到你内心的喋喋不休，来为你的表现创造出更多的选择。

3. "暂悬" 你的内心对话，从而确定对话的方向。挑战自己，将自动的、消极的想法（ANTs）转变为提升表现的想法（PET）。把内心的批评者变成有创造力的盟友。

4. 在进行困难的对话前做好准备。想好开场白。谨慎选词，不要"得过且过"。写下你的开场白，并大声练习说出来，看看这些话是否适合你。

5. 记住，当你改变你对自己说的话时，你也就改变了对别人说的话。当你找到自己的立场时，困难的对话就变得可能了。

如果你现在只能做一件事……要确保你在开始某一场重要的对话前已经安住于自己的内心。在对话前做一些准备工作，这样在开始一段困难的对话时，你会感觉更有主心骨。想好开场白，并大声练习说出来。感觉不合适，就改一改，直到合适为止。设计好你的开场白，但不要过分照本宣科。

第六章
搭建沟通的桥梁

——

我相信，只要我们重新开始聆听彼此的声音，我们就能改变世界。

——玛格丽特·惠特利（Margaret Wheatley）

在对话出现风险的情况下，保持与对方和自己的沟通是一项挑战。在对话中搭建沟通桥梁的基础是专注的聆听和自如的表达，运用这些技巧可以将激烈的争论转化为共同的理解。我们将探讨深度聆听的三个技巧：镜像、肯定和共情。我们还将探讨真实表达的两个技巧：使用合作性语言和找到你自己的节奏，这样你才能说出你真正想说的话。

> 吉根（Jegan）和米亚（Mea）是在每周一次的跳舞课程的舞池中相识的。吉根在伦敦长大，在曼彻斯特住了几年；米亚是意大利人，最近才搬到曼彻斯特。他们都三十多岁，对商业、艺术、可持续发展和个人发展感兴趣。
>
> 他们之间立即产生了一种亲近感。吉根一直在寻找一位"精神伴侣"，他认为精神伴侣会以一种常规的冥想练习无法达到的

方式丰富他的生活。在他们见面的头几天里，米亚做了一个关于吉根的梦。

"是我的灵魂注意到了他，而不是我的思想。"她告诉我。

认识三个月后，他们就同居了。不到一年，他们就走进了婚姻。婚后不久，吉根和米亚和一起创业。他们接手了一家老牌"绿色生活"在线杂志的出版工作。曾担任特许会计师多年的吉根辞去工作，全职经营这家公司。曾接受过按摩师培训的米亚则欣然投身这份新的工作，并为新工作带来的机遇而兴奋不已。为了让销售额翻番，他们开始在当地社区举办活动，包括生态农业、健康饮食和整体生活方式研讨会等。

我认识吉根和米亚时，他们已经结婚七年了。当他们来到我的对话工作坊时，他们与其他与会者分享说，在过去的一年里他们的生活充满了挑战，他们考虑过离婚；但另一方面，他们的爱是如此深厚，以致他们也考虑开始建立一个真正的家庭。他们四季如春的早期关系已经被更冷酷的气候所取代，而他们对这种新的气候手足无措。

研讨会结束后，我们一直保持着联系，因为吉根和米亚都渴望更多地了解如何在他们的关系中减少压力，使其变得更令人满意。他们共同决定，作为夫妻和商业伙伴，他们需要一些专业的指导。

"我们经常吵架，"吉根说，"我也很担心我们的生意。我们一直在赔钱，而这经常会引发争论。我们似乎在各方面都失败了。"

米亚说："我们的关系陷入了僵局。我们重复着老一套的无聊的模式，但却不知如何摆脱它们。"

听着他们的谈话，我发现自己在思考他们的关系对其他团队成员的影响。亲密关系的动力会"渗入"到企业中。正如雅诗兰黛的创始人所说："有两样东西可以摧毁家族企业——家庭或企业。"

但是，如果你提高了对话技巧，就会对你的人际关系和生意都有好处。本章稍后我们将回到米亚和吉根的故事。但首先，我们要了解一下在冲突不断升级时搭建沟通桥梁的技巧。

在困难的交流中，你能架起的最有力的"桥梁"之一就是认真聆听对方。让对方感受到自己正被聆听和理解，比任何娴熟的对话技巧都更能灭掉他们心中的熊熊怒火。深度聆听能缓和气氛，恢复关系，进而为对话注入新的活力。

当我听到人质谈判专家西蒙·霍顿（Simon Horton）分享他对如何驾驭激烈的冲突的见解时，我深刻地意识到认真聆听所带来的不同。当时，我们都在培生集团举办的一次活动中发表演讲。西蒙是《改变他们的想法》（*Change Their Mind*）一书的作者，也是伦敦帝国学院的客座讲师。他用几个字概括了他屡试不爽的方法，那就是：

"我听他们说的。"（I listened them into it.）

"我听他们说的"这句更常见的话其实表明了我们的文

化偏见。比起聆听他人，我们更注重自己的谈吐。"需要跟他好好谈谈""她很会说话""我们能谈谈吗"这些都是我们熟悉的短语。我们却很少听到"他需要一个好的聆听者""她是一个好的聆听者""我们能互相聆听吗"这样的话语。这些话听起来甚至有点奇怪。

所有良好的对话都始于良好的聆听。我们不一定要同意某人的观点才能理解他。即使存在意见分歧，建立共识也是可能的。我后面还将讨论真实发言的技巧，但首先，我将介绍如何通过聆听的力量，在对话有可能脱轨时与对方建立联系。

为什么聆听能架起沟通的桥梁

激烈的争论、争吵和尖刻的戏谑都有可能导致人际关系破裂。虽然冲突是我们生活中不可避免的自然现象，但它也可能具有破坏性。无论是在企业、社区还是家庭中，如果我们任由冲突发展，都会毁掉一段关系。学会如何在分歧出现时跨越鸿沟，可能是最大的挑战——但也会是我们最大的收获。

建立沟通桥梁的基础是聆听，真正听到对方说什么。当我在自己的关系中迫切需要深入聆听时，我体验到了这种聆听所带来的不同。当时我和我的伴侣正在努力面对我们相处中的比较有挑战性的问题和矛盾，这些问题并没有简单的答案。我和他一样，都感到了痛苦。我的愤怒爆发了，他也一样；我的防御被激发，他也一样。我们最终闹得不可开交。在又一次争吵后，他对我说："受伤的人会伤害别人。"

争吵不断的亲密关系对我来说是一种全新的体验。我觉得自己无法处理内心炽热的情绪，也无法处理我们之间"距离太近就互相伤害"的问题。我生长在一个很少表达愤怒的家庭。在这段亲密关系中，我没有处理愤怒的相关知识或工具，完全不知道如何应对他的怒火。

由于无法克服冲突，我们去看了一位治疗师，他向我们介绍了美国心理治疗师哈维尔·亨德里克斯（Harville Hendrix）创造的"意中人对话"（Imago dialogue）。这位奥普拉·温弗瑞（Oprah Winfrey）口中的"婚姻密语师"已经帮助成千上万对夫妻在沟通破裂时重新建立了"热情的友谊"。事实证明，这种经过精心设计的对话过程，包括三种积极聆听的技巧，能够改变人们相互施压的局面。

虽然我与这位伙伴的关系并没有持续下去，但我学到的关于聆听的知识至今依然是我工作的核心，无论我的工作是与高层领导团队合作，还是辅导处于冲突中的个人。只有感觉到自己被聆听和理解，我们才能摆脱每天争吵和冷漠相待的恶性循环。放慢脚步，学会聆听，我们才能进行有意义的对话。我们来之不易的顺畅沟通让我明确了结束这段关系的决定，我相信我们都已经尽力了。

我发现，通过寻找一种宣泄和分享挫折的方式，也可以搭建沟通的桥梁，挽救濒临失败的企业或人际关系。我们在与其他人相处时可能会忽略的问题，例如关于金钱的分歧，在既是亲密关系又是商业伙伴的关系中可能会成为主要的压力源。工作中的问题往往以家庭问题为核心，而家庭问题往往也会给工作带来问题。无论是哪种问题，通过更深入的对话来改变关系所需的工具都是一样的。如需快速了解哈维尔·亨德里克斯的理论，请参阅下面"亲密关系中为什么会发生冲突"一栏。

亲密关系中为什么会发生冲突

亨德里克斯在《得到你想要的爱》（*In Getting the Love You Want*）一书中描述了我们如何从千千万万的人之中选择自己的伴侣，因为我们不自觉地想要找到自己的 Imago（"意中人"）。Imago 一词来自拉丁语，意为"形象"，它融合了我们童年照顾者的主要特征，可能包括我们的父母、祖父母、兄弟姐妹或在婴儿时期与我们关系亲密的其他人。

我们无意识地为我们所爱的人创造了一个单一的形象，这与我们在梦中将一个人的特征融入另一个人的方式类似。我们坠入爱河，是因为那个人符合我们的"意象模板"。他们可能像妈妈一样努力工作，像爸爸一样善良，像姐姐一样爱玩。

问题在于，我们的伴侣身上既有我们的照顾者的正面特质，也有他们的负面特质。他们身上可能也有妈妈的吝啬、爸爸的固执和姐姐的急脾气。一旦蜜月期结束，我们可能会发现自己在伴侣身边会感到焦虑或不自在，这是陶醉在爱河中的我们无法想象的。当伴侣不能满足我们的需求时，我们的反应通常是像小孩子一样"哭闹或批评"。于是残酷的权力斗争开始了。

许多亲密关系都会陷入沮丧和烦躁不安的氛围中。我们的伴侣激活了我们在婴儿时期不可避免地与母亲（或主要照顾者）经历过的匮乏感。成年后，我们会与伴侣发生争吵、争执和剧烈的冲突，除非我们做好自己的"功课"，否则很难摆脱这些阴霾的笼罩。

我们亲密关系中的动态往往有一种陌生的熟悉感。因为我们的伴侣像我们的主要照顾者，他们有可能再次伤害我们，就像我们小时候无能为力时受到过的伤害一样。正是这种双重伤害让我们在工作和人际关系中遇到问题时如此痛苦。

根据"意中人"理论，我们与伴侣建立关系的目的就是治愈这些未解决的问题。我们在没有意识到的情况下重塑了童年的环境，以完成我们未完成的事业。当我们发现我们的伴侣并不为我们内心的苦痛负责，而是在指出我们带入关系的伤痕时，这种理解会改变我们的观点。我们会意识到，我们又获得了一次机会，来处理我们小时候无法处理的事情。这种认识有助于我们摆脱权力斗争，建立一种植根于当下的更健康的关系。

虽然亨德里克斯关注的是亲密关系，但他的理论同样适用于更广泛的商业环境。如果你曾有过一个像你父亲的上司，或者一个和你姐姐相似的同事，你就会明白这一点。在与他人建立联系的过程中，我们不应该把他们当成我们想象中的人，而应该根据他们真实的样子去理解他们。要实现这种转变，深度聆听是必不可少的。

深度聆听如何发挥作用

在我们的第一次辅导课上，我让吉根和米亚各自提出一个他们想讨论的问题。我解释说，我们将使用他们在工作坊中学到的"意中人对话"的三种积极聆听的技巧。他们决定由吉根先提出他的问题。我提醒他们，有两个不同的角色很有帮助："发言者"和"聆听者"，他们将轮流担任这两个角色。将发言者和聆听者的角色区分开来是深度聆听的关键。正如我的前同事比尔·艾萨克斯经常说的："大多数人不是在聆听，而是在组织自己的话语。"

至少在谈话开始时，发言者和聆听者的区分可以让发言者畅所欲言，而不必担心被打断，也可以让聆听者认真聆听，而无须担心要随时做出回应。它有助于建立"平静连接"的神经生物学状态，而"平静连接"已被证明是我们获得创造力、仁慈和同情心的先决条件。

作为发言者，重点是说出自己的感受、想法和担忧，而不是指责、羞辱或批评对方。聆听者的任务是聆听发言者所说的话，而不是打断或纠正。他们要尽可能地接受，不做任何反应。当发言者分享完自己的想法后，聆听者要回想发言者所说的话，让发言者感觉自己的想法被聆听到了。

作为聆听者，我们的注意力不应放在准备自己的下一个观点，而应专注于对方所说的话。当我们想让自己能够回放我们所听到的内容时，就不要忽略对方所说的内容，也不要忙于思考我们下一步要说什么。

有三种积极聆听的技巧可以提高对话的质量。详见以下的概述：

- 镜像。我们向对方重复他们所说的关键内容。我们放下自己的事情，专注于对方所说的话。这种专注的聆听有助于人们更清楚地意识到自己的想法。
- 肯定。我们肯定对方所说的是有道理的，即使我们并不完全同意。我们试图理解对方的观点，并承认其合理性。将对方视为平等的人，我们就能理解他们自己的"世界模式"。
- 共情。我们分享自己想象中对方的感受或曾经的感受。在这里，我们第一次在对话中加入了自己的观点。我们猜测对方是如何受到情绪影响的，并试探性地表达出来。

图 6-1 给出了主动聆听过程中你可以用到的一些表述。

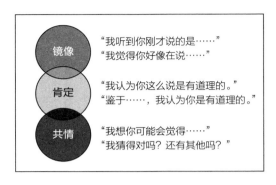

图 6-1　主动聆听

镜像如何形成共识

镜像之所以重要，有几个原因，而放慢互动的速度是其中最不重要的原因。当人们听到自己的话语被回放时，他们的思维会变得更加清晰。发言者有难得的机会去探索他们通常情况下看不到的东西。交流中的困难往往源于假设，而让这些假设变得明晰往往能解开沟通中误解的疙瘩。

这对聆听者也有好处。轮到我们时，我们可以做出更深思熟虑的反应，而不是局促应答。要给出良好的镜像反馈，聆听者需要认真聆听，检视自己的理解，并在不夹杂任何自己的想法的情况下如实反映他们所听到的内容。通过这样做，聆听者可以学会如何控制自己的即时反应。

虽然"镜像"听起来简单，但做起来往往并不容易。它要求聆听者将自己的想法和感受放在一边，而专注于对方所说的话。当聆听者能够站在对方的立场上，通过对方的眼睛来看待这段关系时，真正的对话就成为可能了。

我对米亚说："如果实在忍不住了，你可以向吉根发出信号，让他停止讲话。也许你可以举手示意。"

"我宁愿摸一下他的膝盖。"米亚说，眼睛里闪烁着光芒。

在花了一点时间整理思绪（和鼓足勇气）后，吉根开始说了。他面对着米亚坐下，直接对着她说起来。

"工作一直是我的心头大患。我们真的需要把生意做起来，理清财务状况。而你总是睡懒觉。你似乎对赚钱不感兴趣。这让我很担心。我觉得我必须一直逼着你，而你似乎不想再参与进来了。"

空气中弥漫着紧张的气氛。我开始反思 SCARF 模型中的"C"（见第四章）。当我们的财务确定性受到威胁时，确实会提高对话的风险。

"我看到的是我们的钱少得可怜，花销又大，我们的生活捉襟见肘。我真的不得不推着你为我们的杂志写文章。我感觉我总是不得不逼着你为公司做事。"

米亚的手碰了碰吉根的膝盖。

"记住，"我说，"不要加入自己观点。先关注吉根说的话。会轮到你的。"

米亚陷入了沉思。

"我听你说的是，你很担心生意。你总是拉着我做事。

你觉得我不想再参与了。你看到了财务上的漏洞,这真的让你很担心。"

我建议米亚核实一下吉根是否同意她所说的是他的真实想法。达成共识需要时间,但这正是架设桥梁的起点。

"我说得对吗?""是的,"吉根说,"你说对了。"

我建议米亚问一问吉根他还有什么想法没说。正如治疗师们常说的那样,"提出的问题"往往不是真正的问题。问题可能有很多层次。

"还有吗?"米亚问道。

吉根看起来若有所思。

"我觉得只要我一提到工作,你就会生气,批评我做得太多。这让我觉得自己被拒之门外,因为我在努力改善我们的经济状况,而你似乎并不领情。我感到迷茫和无力,不知道下一步该怎么做,这种感觉越来越糟。"

能有机会在不被打断的情况下吐露心声,吉根透露了更多他的真实感受。

"我有一种感觉,这一切都压在我的肩上。我背负着所有的责任、所有的压力、所有的担忧,而你却毫不关心。"

米亚认真地听着。她把自己听到的内容镜像反馈了一遍,问吉根是否还有更多要表达的。

"我发现自己很难放松。你总是让我放松,但我却要承担所有的重担。你让我多找点乐子,可你却不承担任何责任!"

吉根继续说，其流利程度令我大吃一惊。

"我知道我太看重工作了。我在生意上投入了太多时间。我们没有足够的时间待在一起，我们都没有心思共度时光。"

我注意到没有人跳出来解释或填补空白。

"我一直在试图让你适应一种工作方式，你没有像我一样在 9 点钟起床我就会对你发火。我试图把你塞进一个工作模式里，这个工作模式对我有用，但不是你自然的工作模式。"

当吉根把注意力集中在自己的缺点上，而不是把矛头指向米亚时，我从米亚的眼中看到了赞赏的目光。

接下来米亚又对吉根的话语进行了反馈，她确认了自己的理解是否正确，并询问吉根是否还有更多的问题要讨论。吉根在这个问题上越挖越深。

吉根最后说："我还可以继续说下去，但可能我说的已经足够多了。"

肯定和共情如何发挥作用

我感觉吉根已经把该说的话都说完了，所以我建议我们进入对话的下一个部分，即"肯定"。也就是聆听者肯定说话者所分享的内容是有意义的。肯定并不是同意（或不同意）对方的观点；而是肯定对方看待世界的方式是有意义的，即使在（甚至尤其在）这种方式与你的方式不同的时候。正如尼尔·唐纳德·沃施（Neale Donald Walsch）所说："在每个人自己的世界中，他们没有做错任何事。"

"我能理解你不被欣赏的感觉，你觉得自己对事业的贡献很大，而且你还必须持续激励我。"米亚说。

"我能理解你的愤怒，"她继续说，"因为你看到我没有做你希望我做的事，你觉得在创业的路上我没有陪着你。我说得对吗？"

吉根点了点头。

我们三人默默地坐着，意识到吉根的真实感受是什么样子的了。

在几乎不需要我提示的情况下，米亚已经顺利地进入了对话的第三部分——共情。这也是对话的关键环节，因为处理困难的情绪是对话的核心。如果我们把它们排除在外，它们就会像"自由基"一样在空气中游荡，不肯离去〔借用道格拉斯·斯通（Douglas Stone）和他来自哈佛谈判项目组的合著者在《高难度谈话》（*Difficult Conversations*）中使用的比喻〕。

她温柔地说："我想你可能也觉得负担很重，因为你要背负这么多东西。"

"是的，"吉根说。"我内心一直有这种想法，但我没有表达出来，这让我很沮丧。能表达出挫折感并得到你的认可是件好事。我觉得自己现在能够以一种你能够真正听到的方式来表达了。"

我看着他们久久凝视着对方。吉根不再抱紧双臂，他身体前倾坐在椅子上。米亚的双肩垂下来，双手轻轻地放在膝盖上。他们无声的肢体语言表明，他们之间的沟通正在进行中。

要探索如何运用聆听的三种技巧，请参阅下面的练习11——深度聆听。

练习 11 ■■ 　　深度聆听

这个练习最好与和你有问题待商榷的人一起进行。确保你们都有足够的时间和意愿进行交谈。

你们将轮流扮演两个不同的角色。第一轮，确定谁做聆听者，谁做发言者。在第二轮里交换角色。

你可以选择设置一个计时器（例如设定 20 分钟），这样两个"回合"的时间长度就相同了。

作为发言者：

1. 设置谈话的背景，但要简明扼要。

2. 把重点放在自己身上。你可以这样开头

- 我感觉……
- 我在其中扮演的角色是……
- 我告诉自己说……
- 我想要的是……

3. 言简意赅。不要指责、羞辱或批评。

4. 必要时修正聆听者反馈的理解。

5. 接受对方的肯定、同情和观点。感谢对方的聆听。

作为聆听者：

1. 镜像反馈。回想你所听到的内容，尤其是感受层面的。不要加上你自己的观点。

2. 检查你的理解："我听懂了吗？"

3. 继续给出镜像反馈，直到发言者说"是"。

4. 问："还有其他要说的吗？"

5. 总结"让我看看我是否都记下来了……记下了吗？"

6. 肯定："鉴于……我觉得这很有道理。"

7. 共情："我觉得你当时可能感觉……"或"你当下的感觉是……"（陈述对方真实的感受，如愤怒、悲伤、恐惧等）。

8. 再核查一遍："我理解得对吗？"

9. 如果有时间，也可以尝试提供另一种观点："是不是也有可能……"

如果有时间，再花几分钟一起反思一下你们现在的感受，以及你们从彼此的发言和聆听中学到了什么。

真实表达

在积极聆听的同时，真实的发言也是困难对话取得成功的关键。说真话虽然会让人不舒服，但从长远来看，很少会对人际关系造成真正的损害。而且，隐瞒真相往往会造成伤害，而且毫无意义。正如莎士比亚所说："真相终将大白。"

从自己独特的视角分享所见所闻被称为"真实表达"。真实表达虽然听起来简单，但并不容易做到。我们中的一些人喜欢保持沉默，害怕把头"伸出窗外"。另一些人虽然敢说，但却冷漠而傲慢。还有一些人话太多，几乎"吸走了房间里所有的氧气"。

只要我们能够做到开诚布公、尊重他人，这就是一项巨大的成就。比尔·艾萨克斯指出，真实发声"会创造新的秩序，开启新的可能"。我曾指导过许多不同的团队，当有人敢于说出别人明知但不想说出的话时，对话的转折点就会出现。

真实表达的好处是巨大的，但潜在的阻力也是巨大的。一个人所在的组织给出的信息往往暧昧不明，人们既希望能为他人赋能，又会打击那些发出太多异议的声音。我们的自我形象会阻碍我们表达内心的声音（"你以为你是谁"），老板会在沟通的障碍似乎无法逾越的情况下"转移负担"，他们会说"我的大门永远为你敞开"，但这其实是让其他人承担责任的一种话语策略。

记住你独特的声音具有的魔力，这对你很有帮助。艾萨克斯将 abracadabra 这个"咒语"追溯到阿拉米语，阿拉米语是一种古老的中东语言，大约在公元前 7 世纪至公元 7 世纪使用。这个短语来自犹太神秘主义的卡巴拉传统，用来提醒人们说话的力量。abra 的意思是"创造"、ca 的意思是"作为",而 dabra 来自动词"说话"。abracadabra 的本质是"我通过说话创造"。分享自己的话语就是一种创造行为。

真实表达需要我们拥有勇气、决心和谦逊的态度。正如吉姆·柯林斯(Jim Collins)在《从优秀到卓越》(*From Good to Great*)一书中所指出的那样,带领人们一起踏上变革征程的领导者,都拥有坚定的决心和谦逊的品质。想要成功进行困难的对话需要培养这种品质,问题是如何做到?

有两个能帮助我们真实表达的方法。第一是使用合作性的语言,第二是合理安排你所说的话语的结构,以便涵盖你需要表达的所有内容。我们将依次讨论这两点。

使用合作性语言

在激烈的交锋中,我们很容易指责对方,把一切都归咎于对方。更具挑战性、更有效的做法是将焦点转向自己。这就像用手机自拍一样。你按下按钮,镜头就会旋转,把焦点对准你自己,而不是你正在看的东西。这能让你发出的信息更清晰,能降低对方产生防卫心理的风险。你会感觉自己更强大、内核更"稳固"。

当你不是从真实的自我出发说话时,你就有可能被认为是在评判甚至"攻击"对方。"攻击"可能是一时冲动之下的咆哮或不经意的评论,而不是真正的语言攻击,但它还是会造成伤害。它会让对话停滞不前。这是因为你根本没在真实地表达，而是把自己的判断、观点和谴责"投射"到了对方身上。

真正的"爆发点"是当我们对他人进行道德评判时。马歇尔·B. 卢森堡（Marshall B. Rosenberg）在他的畅销书《非暴力沟通》（*Nonviolent Communication*）中强调了使用尽可能不带评判和优越感的语言的重要性。那些含沙射影地指出对方是错的、有缺陷的或不好的语言会伤害他人，也会伤害自己。这种语言会破坏关系，而不是修复关系。

使用合作性语言的一个简单方法是用"我"来代替陈述中的"你"。例如，说"你没在听我说话，对不对"很可能会引起别人的反感。如果他们做出负面反应，而你也做出同样的反应，你们最终就会陷入你想要摆脱的困境之中。

用"我"的陈述来表达当下的感觉。"我感到沮丧是因为我想和你有更多的联系，而我们现在的互动方式并没有创造出我想要的那种联系。"这样的表达更有可能让对话继续下去。

回到米亚和吉根的话题，下面是轮到米亚发言时她可以说的一些话（见表 6-1）。米亚的"真实表达"越多，"评判"越少，她与吉根的对话就越可能成功。

表 6-1 评判和真实表达

评判：以高高在上的 姿态攻击或谴责一切	真实表达：分享你从 你自身的独特视角看到的一切
你在长时间的工作中迷失了方向！	我想念之前你更踏实生活的日子。
你得像个男人！	我感到你好像缺席了。我希望公司和家里有一个强大的男性支持我。
什么态度？你的同情心哪去了？	我希望你能更重视我们的关系。
你不太善解人意！	我想更多体会自己的感受。我担心如果我现在这样做，会让你不快。
你以前更细心。	是我没有寻求帮助。
你疯了吗？这主意太蠢了。	你的话让我开始思考。

还有其他几种方法可以使你的语言更加深思熟虑、更富有同情心。想要达到这样的效果，意味着你的对话将始终聚焦于重要的事情，而不是脱离轨道，陷入即时反应的陷阱。这些其他方法包括：

- 替换包含"应该"或"不应该"的语句。"你应该告诉我……"或"你不应该发脾气"这样的断言带有惩罚的语气，会让对方更容易产生防卫心理。"我更希望早点知道这一点"或"你发火确实给我们造成了一些影响"有助于让对话的大门保持敞开。

- 消除"总是"和"从不"。"你从不听取别人的观点"这样的"一揽子"陈述很可能会引发对方的不满，因为这些陈述很少是真实的。最好能具体说明你想要纠正的行为发生的时间和背景。例如，"当你在上周的会议上多次打断客户时，我对你这样行为的影响感到担忧。"

- 避免使用煽动性词语或短语。诸如"你显然已经失去了理智""只有白痴才会……"或"你说什么呢"之类的短语可能会帮助你发泄情绪，但这是以牺牲对方的利益为代价的。面对这些短语有一些人会崩溃，另一些人会退缩，还有一些人会屈服。如果你发现自己变得焦躁不安，或者对方开始防卫，最好停下来，深呼吸并暂停对话。如果是对方需要，给他们时间让他们冷静下来。

找到对话结构

有条理地安排自己想说的话，有助于在对话时让自己的注意力集中，但保持一定的平衡也很重要。你既要做好准备，又不能过于控制。只要你不陷入过度思虑的状态，提前准备一下是有帮助的。既要集中精力，又不能过于死板。对话要流畅。

困难的对话很少会按计划进行。举例来说，如果对方似乎没有听懂你的话，在继续交谈之前，你可以请对方分享一下他们对你所说内容的理解。如果你需要"解码"

对方所说的话，可以提问、转述和总结，以检查自己的理解。建设性的对话具有一种你来我往、不断确证的特点，这是你无法完全准备好的。

为对话制定一个大纲是有帮助的。有了开头、中间和结尾，困难的对话就有了一定的框架，有助于让你在对话过程中保持稳定。在上一章中，我介绍了如何找到困难对话的开场白。在准备开始对话时，还需要注意其他方面，包括明确对话的目的和期望的结果，比如改善关系等。保持清晰的意图就像我们开车时设置了卫星导航一样。心中有了最终目的地，就可以在遇到突然的转弯时及时"修正航向"。

俗话说得好："期待最好的结果，做好最坏的准备。"考虑对话中可能发生的最坏情况，并决定如何处理，例如："我建议我们暂停一下，稍事休息后继续谈话"。暂停总比完全脱轨好。

即使它看起来远在千万里之外，也要挑战自己想一想对话中最好的情况（可参见练习 12——想象伟大的结果）。很多优秀的运动员，从篮球运动员到拳击手，都学会了利用想象的力量，他们可以在球场外想象自己在球场上取得了好成绩，而且现实也往往如此。

练习 12 ■■ 想象伟大的结果

在面对困难的对话时，人们往往会陷入他们所认为的问题和障碍中，耗尽他们的精力和动力。如果你陷入了这种困境，完成下面的练习可能会对你有所帮助。这个练习的灵感来源于"以解决问题为中心"的方法，这种方法起源于医学领域，现在被教练们广泛应用。这个练习邀请你想象自己想要的未来。

留出十分钟（或更长时间）来做这个练习。找一个不会被打扰的地方。深呼吸几次。尽量放松。

想象一下，昨晚你上床睡觉时，已经搞定了一场困难的对话。今早醒来，你清晰地感觉到问题已经解决了（例如，你们的关系更加牢固了，空气更加清新了，你的挫败感已经烟消云散了）。总之，对话的结果比你预期的还要好。注意这次对话给你留下的感受。

先在脑海中想象自己正在进行这场对话。想象对方和你所处的环境。注意你的任何感觉。问自己以下这些问题：

1. 对话中最让你印象深刻的是什么？

2. 你做了什么，会产生如此积极的结果？

3. 你的开场白是什么？

4. 你还使用了哪些词语或短语？

5. 如果对话过程中遇到了困难，你是如何处理的？

6. 对话是如何结束的？

7. 表明事情已经发生变化的第一个迹象是什么？

花点时间记录下任何有助于最佳结果产生的做法。

表达自己

在对话进行到一半的时候，思考以下几个方面将改善你的表达方式。受《非暴力沟通》的启发，这些方面是：

- 分享你的观察结果。问一问自己，对方的行为中哪些方面是好的，哪些方面是无益的。让你的观察尽可能具体和公正。想一想摄像机会怎么记录这一切。与其说"你总是迟到"，不如说"上周你在会议开始 30 分钟后才到达我们的销售会议现场……"。用事实说话。保持中立。

- 诚实地"说出"你的感受。并不是每个人都愿意分享自己的感受，但这部分不一定非要表达得那么露骨。一些领导者担心引发刻板印象（"我会被视为愤怒的黑人妇女"）。还有人说，分享自己的感受会让他们感觉自己太脆弱，或者坚持"我们这里不谈感受"。请记住，你不需要说"我感觉到"，但你可以说"我很恼火"。小心"我觉得……"句型，因为你可能给出的是观点而不是感觉（如"我觉得你没有尽到责任……"）。寻找你最主要的感觉。例如，看看你的愤怒背后是否有痛苦，你的沮丧背后是否有恐惧。看看你有哪些需求没得到满足。问自己这个问题："当我感到愤怒/恐惧/失望时，我真正想要的是什么？"

- 谈论影响。说出对方的行为对你、你的团队、客户或其他利益相关者造成的实际影响。在"当你……"的句子结构之后加上"它产生的影响是……"。例如："当你在辅导课程结束后没有填写评估表时，它会导致整个团队错过宝贵的信息。我担心我们在辅导客户时看不到哪些是真正有效的部分，哪些是无效的。"将对话置于更大的背景下，有助于你直言不讳。语气要亲切、坚定、清晰。

- 提出能"打开"对话的问题。提出支持性的问题有助于对方说出自己的真实想法，比如"我发现你的报告进度落后了。能告诉我你面临的挑战吗？"聆听对方的心声，分享自己的一些想法，建立共情关系。与其问"你为什么会有这种感觉"，不如问"你是否因为希望我能早点告诉你我做出决定的原因而感到沮丧"。猜错了也没关系，你尝试与对方沟通的意图更为重要。

为了让对话各方都能感受到自己的意见被深度地聆听和理解，有两点需要进一步考虑：

- 探索需求。沟通中的困难往往源于需求得不到满足。正如卢森堡所指出的，我们大多数人从未被教导过要从需求的角度来思考问题。在烦恼情绪的背后，往往是我们自己都不知道的需求。可能是对承认、道歉、接受或一个补救措施的需求。在亲密关系中，我们可能渴望得到一些赞赏、关爱或更多的联系感。当我们承认自己的需求，我们就会对自己的感受负责。

《非暴力沟通》中的例子包括："当你这么说的时候，我感到很生气，因为我希望得到尊重，而我却把你的话听成了侮辱"和"我很气馁，因为我本来希望现在已经在工作上取得了更大的进步"。聆听对方未表达出来的需求，看看能否把这些需求挖掘出来。当你感觉到对方的需求时，不要问"我做了什么让你生气了"，而要问"你是因为我邀请其他人参加高层会议而生气吗"。帮助别人了解他们自己的需求（在上面这种情况下，是希望被邀请的需求），能使对话更像是交心。

- 提出请求。回想一下对话的目的。根据这一目的和对话的发展方向，提出一个具体的请求。伦敦政治经济学院心理与行为科学教授伊丽莎白·斯托克（Elizabeth Stokoe）发现，当被问及是否愿意参加调解时，那些已经做出否定回答的人似乎在调解员使用"你愿意来参加会议吗"的句型时态度发生了转变。在问句中加上"愿意"这个词为未来的可能性架起了一座桥梁。如果你使用"你愿意考虑我的加薪要求吗"的语言模式向上司提出加薪要求，如果上司答应了，请通过电子邮件表示感谢并跟进之后的进程。写信的方式可以增强责任感，必要时也更容易跟进。如果你收到的是否定的答复，请探索其他选择并提出替代方案，例如："我们能否在本季度结束前再讨论一次？"

在结束对话时，心里想着他人的需求，并以积极的语气结束对话。正如诗人玛雅·安杰洛（Maya Angelo）指出的那样："我学到的是，人们会忘记你说过的话，人们会忘记你做过的事，但人们永远不会忘记你给他们带来的感受。"

实现突破

时光匆匆，九年后，吉根和米亚依然在一起，他们经营着一家成功的企业，养育着两个帅气的男孩。

我和米亚最近通过电子邮件进行了交流，她分享说："我们都很感激并意识到，尽管我们之间总是有引发分歧的困难时刻，但我们都一直在不断努力提升自己，同时也在努力改善我们的关系。"

听到这个消息，我很高兴，但并不意外。他们不仅愿意加深对自我的认识，还愿意加深对彼此的了解，这给我留下了深刻的印象。米亚继续说道：

"我们不断努力地寻找合适的沟通方式，以谈论我们生活中并不轻松的话题，包括财务状况、商业项目等。现在，我们又面临着养育两个孩子的终极挑战。深度的聆听、真正的理解以及无条件的爱，帮助我们在每一刻都选择了心灵之路。感谢您成为我们人生道路上指明方向的灯塔！"

米亚的留言打动了我。它令人振奋地提醒我们，利用对话这一不起眼的工具，可以改变企业和个人的关系。聆听对方的心声，一起畅所欲言，这种珍贵的礼物是人际关系的真正魅力所在，也是架起沟通桥梁的关键所在。

◢◢ 本章小结 ◢◢

1. 要在困难的对话中"架起一座桥梁"，让你与对方建立联系，而不是断绝关系，有两个关键因素：深度聆听和真实表达。

2. 更深度的聆听可以建立共同的理解。有三个"工具"可以帮助我们，它们是：（1）镜像，即重复对方的话语；（2）肯定，即使你不同意对方的观点，也要承认对方的观点对他有意义；（3）共情，通过想象对方当时的感受或曾经的感受来产生共鸣。

3. 当你处于一个激烈交锋的环境中时，轮流做发言者和聆听者会有所帮助。作为聆听者，把自己的"事情"放在一边，专注于对方要说的话。作为发言者，站在自己的立场上，尽可能真实地说出自己的想法。

4. 真实表达是一种真诚表达自己的做法。即使感觉到有风险，也要从自己独特的视角分享所见所闻。有两个工具可以帮助我们：使用合作性的、非暴力的语言和提前组织你所说的话，以便涵盖你需要传达的所有内容。

5. 要做到有效地表达自己的观点，你需要分享你的所见所感，诚实地表达你的感受，并谈论困难情况带给你的影响。提出能帮助对方"敞开心扉"的问题，这样你们就能一起探索问题的核心。

6. 积极的语言包括用关于"我"的陈述取代关于"你"的评判，这样你就会为自己的感受负责。杜绝使用煽动性词语和"总是""从不"等"一概而论"的说法。

7. 通过思考对话的开头、中间和结尾部分，为困难的对话做好准备。对要谈的内容有一个大致的轮廓，但不要过于规范。明确目的，设定清晰的意图。设想最好的结果，并为最坏的情况做好准备。

8. 在对话的过程中，了解在你和对方的烦恼情绪之下，可能有哪些未被满足的需求。可能是对认可、道歉、接受或补救措施的需求。以感同身受的方式提出问题，引导对方表达出这些需求。

9. 在结束对话时，如果你有具体要求，请提出。向对方发送一封写明商定结果的电子邮件（如果有结果的话）。这样你就可以在必要时跟进。尽可能建设性地结束对话。在结束对话时，尽可能让各方都对对话的结果感到满意。

如果你现在只能做一件事……把你自己的"事情"放到一边，这样你就能全情聆听对方的倾诉。在说你的感受之前，先回想一下你听到的对方说的话。记住，你不一定要同意对方所说的话，重要的是让对方感觉到你理解他。

第七章
洞察会场的人际动力

你来到这个房间，是为了疗愈这个房间；

你来到这个空间，是为了疗愈这个空间。

你来到这里没有其他原因。

——尼尔·唐纳德·沃施（Neale Donald Walsch）

在团队或小组的对话开始偏离正轨时，作为领导者你必须注意到发生了什么，因为这时你需要进行干预，重新确定对话的重点，提供所缺少的东西，或让其他人来做这一切。有效处理团队和小组的负面人际动力，可以减少"群体思维"、两极分化和权力斗争的可能性。在这种时刻，通过对对话进行重新部署可以促进合作。它能促使对话者产生新思维，增进身心健康。而在此之前，你有必要学会"洞察会场的人际动力"。洞察会场的人际动力的基础是良好的观察能力，以及健康的自我意识和系统意识。我们将探讨如何打破可能使团队陷入沮丧的功能失调动态，并探索如何进行对话，来提升和改变团队的绩效。

　　"我压力真的很大，"马可（Marco）对我说。"我们需要成为一支真正的全球团队，但每个团队成员都觉得我作为领导要做所有的事情。这是一个令人感觉孤独的地方。我需要我的员工提出自己的想法，带领我们前进。"

　　他的声音紧张，眉头紧皱，眼睛低垂。即使在屏幕上，我也能感受到他的躁动不安。

　　马可描述了他的 30 人团队是如何在全球各办事处的本地运营团队中工作的，他们有着不同的文化背景。虽然他们的目标是在多个时区提供出色的执行力，但他们的整体表现却不尽如人意。由于部分团队之间存在 11 个小时的时差，即使拿起电话解决问题也是一项日常挑战。不同小组之间的工作量不平衡，有些小组比其他小组工作量更大。

　　"我们需要就如何带领团队更上一层楼展开热烈的讨论，"马可继续说道，"但大家都不愿意说出自己的烦恼。我提出建议，没有人反对，但他们也不付诸行动。我甚至不确定其他人是否注意到，他们缺乏工作想法是一种问题……我真的需要带着大家一起踏上改造这支队伍的征程，但我不知道该怎么做。"

　　听马可讲他遇到的挑战，让我想起了从已故的美国家庭治疗师、组织顾问和《洞察房间内的人际动力》（Reading the Room）一书的作者大卫·康托尔（David Kanto, 1927—2021 年）那里学到的一些东西。"礼貌地服从"是团队中常见的一种模式，即指定的领导者提供意见和想法，其他人尽职尽责地服从。这种情况经常出现在新组建的团队中，因为这些团队尚未建立起心理安全感，而且，正如我在采用混合式工作模式的团队中发现的那样，这种情况也出现在主要通过屏幕进行互动的团队中。这造成的问题有两个方面。一方面，由于对团队的投入较少，团队整体缺乏"活力"，因此决策会因"暗中的反对"而受阻。另一方面，人们宁肯关起门来悄悄讨论也不愿意在团队对话中表达反对意见。

本章稍后我们将回到马可和他的团队的故事。培养"洞察房间内的人际动力"的能力有助于像马可一样的领导者理解他的团队中发生了什么，并更巧妙地进行干预。

有许多人际动力因素会阻碍小组或团队讨论真正重要的问题。在争论中忘记初心误入歧途、因性格不合而偏离正轨、钻牛角尖等都是潜在的破坏因素。这些现象在职场上是不可避免的。问题不在于如何摆脱它们，而在于当它们出现时，尤其是当它们如此普遍时，你该如何应对。

有研究表明，美国超过三分之二的会议（约71%）是无效的。工人平均每月花费31个小时参与非生产性会议。在至少41%的会议中，员工会同时处理多项任务，其中大部分是在远程会议中查看电子邮件或做家务。近40%的员工曾在工作会议期间打瞌睡，至少91%的员工在工作会议期间走神。

鉴于大多数会议都缺乏一个"容器"（正如我们探讨过的那样），这些发现就不足为奇了。人们不是在讨论真正重要的问题，而是在处理多项任务，发言也是避重就轻，空气里有一种人们都没有把该说的话说出口的堵塞感。会议文化滋生了许多笑话。有句老话〔杰里米·克拉克森（Jeremy Clarkson）给它注入了新的活力〕说："永远不要在星期三开会，因为这会毁了两个周末。"人们在谈论最重要的事情时，会受到一些常见因素的阻碍。心理学家在几十年前就阐明了这些模式，它们至今仍困扰着许多团体和团队：

- 群体思维——具有高度凝聚力的群体可能会更关注如何去维持欢乐的气氛，而不是做出最佳决策。
- 顺从的压力——群体会施加强大的压力，迫使人们顺从多数人的立场，压制不同的声音。
- 群体内／外的分别——群体可能会因"我们和他们"的态度而两极分化，导致某个子群体无法认同其他子群体。

无论是在董事会会议室、办公室还是在车间，所有这些模式都会存在。鉴于许多会议都没有成效，因此最近减少会议的趋势也就不足为奇了。在加拿大，零售商 Shopify 的首席运营官卡兹·内贾蒂安（Kaz Nejatian）在 2023 年伊始发布了一条推文："会议是个错误。今天，我们在 Shopify 公司内部开始实施对这一错误的修复。2023 年伊始，我们将取消所有超过两人的会议。让我们把时间还给大家。公司的存在是因为有建设者，而不是管理者。"

问题是，如果你取消两个人以上的所有会议，人们可能会觉得自己被排斥在外，而且你更有可能错失绝妙的想法。对话是获取集体智慧的有力工具，但前提是领导者必须知道如何让所有相关人员参与对话，并在对话陷入僵局时重新聚焦。

如果领导者不具备"洞悉全局"的能力并在必要时进行干预，团队成员往往很难讨论什么才是真正重要的事情，伙伴关系会停滞不前，各部门会各自为政、各团队会争夺地盘。然而，即使合作的好处明显超过保持孤立和避免不适的短期优势，另一种选择——共同讨论——似乎也非常令人生畏。

在多年的团队辅导工作中，我观察到，即使房间里有多达8人、28人甚至88人，也有可能进行困难的对话。在伦敦一家能源公司的财务规划师团队、达卡的一群非政府组织创始人以及斋浦尔一家银行的高层领导团队等不同的环境中，我都了解到通过对话可以产生巨大的成果。本章将探讨如何做到这一点。

如何洞察会场的人际动力

洞察会场的人际动力是一项基本的领导技能。培养这种能力能让领导者应对对话过程中出现的棘手情境，进而创造活力四射的对话。大卫·康托尔（David Kantor）将其定义为：

"这是一种能够随时洞察人们在小组中交流时发生了什么的能力，包括领导者自己是如何参与的、谈话什么时候在向前推进、什么时候可能要偏离轨道，甚至包括如何引导它回到正轨。"

培养这种能力需要"双重处理"。你的部分注意力集中在谈话内容上，部分意识则集中在谈话过程中。当你在"洞察房间内的人际动力"时，你就在注意：

- 互动是真实的对话还是一系列的自说自话，是激烈的辩论还是兜圈子的讨论。
- 谁参与了对话，这在多大程度上代表了该小组或团队的互动方式。
- 对话中发生了哪些"行为"（稍后将详细介绍四项核心行为），关键是缺少哪些行为。
- 个人是在"行为"之间游刃有余，还是被困在特定的角色中。

当领导者能够游刃有余地进行"双重处理"时，他们就从"执行者"转变为"疗愈者"。尼古拉斯·亚尼（Nicholas Janni）在他的著作《作为疗愈者的领导者》（*Leader as Healer*）中对比了这两种领导模式。他写道："疗愈者与执行者一样善于分析和制定战略，但他们知道如何与自己和他人建立联系，如何将人的内在状态与行动、主动性与接受性、理性与直觉融为一体。"

洞察会场的人际动力是我们每个人在某种程度上都具备的一种自然能力。我们能感觉到气氛在变得平淡。当我们走进一个房间时，从空气中弥漫的浓重气息就能知道刚刚发生了争吵。我们可以从人们的脸上看出他们是在忘情投入，还是在克制着不说出自己的真实想法。交叉的手臂、探询的眼神和蜷缩的肩膀告诉我们的，比语言所能表达得更多。

要培养这种"洞察"能力，工具和框架是很好的助手。以下是几个最重要的层面：（1）在对话中意识到自己的优势和对话的重点；（2）注意到对话何时陷入僵局，缺失哪些行为；（3）提供缺失的内容，或让别人来提供。我们将逐一介绍这几点。

四种语言行为模式

大卫·康托尔将自己的研究成果称为"结构动力学"，他创造的"四种语言行为模式"是提高对话观察能力的有用工具。这是一个关于沟通如何在人类交流系统中起作用或不起作用的模型。康托尔采用实证的方式，通过观察一些家庭和团队发现，在任何对话中都有四种基本的"行为"或"语言行为"（见图 7-1）。

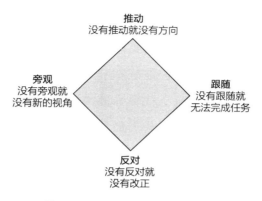

图 7-1　四种语言行为及其意图

康托尔将此称为"四种语言行为模式"，强调了当所有四种语言行为同时进行时所产生的活力。

每种语言行为都蕴含着不同的意图，并带来与众不同的品质：

- 推动带来方向——比如说，"我建议我们讨论一下……""我认为我们最好的选择是……""为了向前迈进，我们需要……"。
- 跟随带来支持——比如说，"我同意……""……是个好主意""让我们按克里斯说的去做……"。
- 反对带来挑战——比如说，"我不同意……""我对……的看法不同""鉴于……我提出质疑"。
- 旁观带来新的视角，比如说，"我注意到这里有一种模式……""我观察到的是……"。

在富有成效的对话中，这四种语言行为会均匀地分布。

当对话变得困难时，往往会缺少其中的一种或几种模式。这会导致现有的语言行为出现重复。当对话变得生硬僵化时，你可以通过确定哪些是缺失的语言行为并把它们带进对话来进行弥补。缺失的语言行为就像"缺失的维生素"。当你加入它时，对话就会对每个人都更有营养。

虽然每种语言行为都有积极的意图，但并不总是能成功地达到其目的。表7-1显示了每种语言行为的潜在力量，以及如果语言行为过度或执行不力所产生的意外影响。如果我们"卡壳"，重复同一种语言行为，就会在不知不觉中产生负面影响。例如，你可能会做一个旁观者，说"这里缺了一块"，但如果你反复指出这里缺乏数据或假设，其他人可能会认为你冷漠无情甚至在蓄意阻挠。这不是你的本意，而是你传递的信息。

另一个可能出现的问题是，人们会给自己的语言行为"加戏"。例如，你很想提出反对意见，但你却翻着白眼做旁观者，说："我们已经试过好几次了，但从来没有成功过。"其他人听不到你从其他的角度提出的问题，只能捕捉到你的挫败感，你就会在他们眼中显得很消极。

表7-1 意图与影响

	积极意图： 如果做得好就会达到	意外影响： 如果我们反应过火， 我们可能被认为是
推动	• 方向 • 目的 • 聚焦	• 咄咄逼人 • 独裁 • 不耐烦

（续）

	积极意图： 如果做得好就会达到	意外影响： 如果我们反应过火， 我们可能被认为是
跟随	• 完成任务 • 连接 • 和谐	• 讨好 • 顺从 • 没有主见
反对	• 更正 • 调整 • 挑战	• 评判 • 反对 • 攻击
旁观	• 独特视角 • 更广泛的视野 • 中立性	• 漠不关心 • 沉默 • 冷漠

　　四种语言行为模式可以帮助你保持沟通的"高效"。如果你想反对，就直截了当地说出来。如果你想提出动议，就要清晰而不模糊。如果你想跟随，就要表现出一些热情，不要只是坐在那里点头或在脑子里想"好主意"。如果你想拉拢的是旁观者，那么在拉拢时就不要表现得脱离群众。

　　"洞察房间内的人际动力"也会让你更加理解他人。例如，当你的同事一直持反对意见时，不妨寻找其积极的意图：他们的观点可能会在哪些方面带来一些有价值的修正？考虑邀请他们"提出意见"：我听到了你的反对意见，我想知道你是否可以提出一个建议？

看看你在哪里卡住了

　　要想在对话中变得更加娴熟，了解自己最擅长和最不擅长的语言行为是很有帮助的。大卫·康托尔发现，我们通常在一两种语言行为上有优势，在一种语言行为上发挥不佳。当我们没有使用全套语言行为时，我们的对话更容易脱轨。

与此相反，发挥自己的长处，同时发展自己的能力，将自己最不喜欢的语言行为带入对话中，这样就能进行真正的对话。如果个人不发展这种能力，他们就有可能陷入连续独白、对立辩论或无益讨论的模式。

网上有几种工具可以帮助你评估自己的"推动""跟随""反对"和"旁观"倾向。你可能已经对自己的"对话特征"有了直观的了解。如果还没有，你可以使用我的同事克劳斯·斯普林伯格博士开发的免费在线问卷来了解自己的偏好。稍后的练习13——你的对话特征侧写也有助于你反思自己对这四种语言行为的偏好，其中最有价值的启示是，你在压力下会选择怎么做。

了解自己的"对话特征"可以让你在与某个人或某个团队交谈时反应灵敏，而不是被动应付。因此，对话是你创造出来的，而不是你自然拥有的。在第四章中，我们看到了如何加深对自己"反应倾向"的认识，从而提高保持对话的能力。在这里，我们将探讨"反应倾向"如何与"四种语言行为"相互交织，从而扩大对话的可能性空间，即使是在面临棘手话题的情况下。

W.提摩西·加尔韦在《内在心态：超越评判、释放潜能的内在秘诀》中写道："觉察就是治疗。"觉察到自己的反应倾向——一种在童年时期形成的应对压力和焦虑的生存策略——有助于治愈重复的模式。当你处于紧张状态时，你的行为就会发生变化。你更有可能"卡壳"，过度采取某种语言行为，即使换一种语言行为会更有效。一旦你采用本能的反应模式，你"玩转"这四种语言行为的能力就会受限：

- 靠近或服从。由于需要被喜欢、被爱和获得安全感，有这种倾向的人更容易陷入"跟随"的困境。在寻求认可的过程中，在高风险的对话中，他们不太可能提出有争议的问题（"推动"）或不同意见（"反对"）。
- 远离或回避。鉴于独立和自给自足的需要，采用这种工作方式的人更容易陷入"旁观"的境地。与其做出"推动"或"反对"的举动，冒着坚持己见或谈论感受的风险，不如做出更加中立的评论来得安全。
- 反对或对抗。由于需要保持控制，有这种倾向的人可能会陷入"对抗"或"反对"的困境。他们可能会失去纵观全局的能力，从而无法做出"旁观"的行为。由于他们渴望掌控全局，做出"跟随"的行为可能会让他们感到备受威胁。

让我们回到马可的故事。当我们一起探讨这一模式时，他意识到，在压力下，他会采用"推动"的模式。

"尴尬的停顿让我感觉很不舒服。但我又有一种被孤立的可怕感觉，"他说，"当没有人反应或者我感觉到一些无声的反对时，我就会像强迫症一样推动对话进行。"

"那么，你可以采取什么不同的做法呢？"我问道，"鉴于你的倾向是'反对'或对抗他人，你还有什么其他选择？"

"好吧，我可以暂停一下，深吸一口气。在冲动地再次出招之前，我可以问问自己，是跟随、反对还是旁观更明智？"

"那会给你带来什么呢？"

"我不会再有强压怒火或暴怒的感觉了，"马可说，"我的谈话会更平静。如果我的团队感觉到我没有咄咄逼人，他们可能会更善于做决定。"

意识到有四种语言行为可供选择，就不容易陷入只采取一种语言行为的陷阱。练习 13——你的对话特征侧写——将帮助你反思自己的倾向以及这些倾向所产生的影响。

练习 13 ■▪ 你的对话特征侧写 ◀

1. 想想你与团队、经理和其他同事的对话，回顾前面的四种语言行为，然后问自己这些问题：

· 我最喜欢哪种语言行为？
· 我最不喜欢哪种语言行为？

2. 现在，请回想一些"赌注更大"的情况。压力的增加可能是因为你要与你的上司谈论一个重要问题、传达一些坏消息或处理一个不高兴的利益相关者。现在问问自己：

- 我在压力下会怎样？
- 在这四种语言行为中，我倾向于"发挥"甚至"过度发挥"哪一种？

回想一下第四章中我们谈到的三种反应倾向可能会对你有所帮助。看看你是否能将自己的反应倾向与四种语言行为中最有可能"过度发挥"的语言行为联系起来。

3. 思考你对前两个问题的回答。你的对话偏好会带来什么后果？哪些对你有用？哪些对你无效？你可以如何改变自己的语言行为以产生更积极的影响？

注意对话中缺少了什么

高绩效团队不会陷入"强词夺理""好言相劝"或"闭口不谈"的困境。他们在冲突和回避中找到出路，进行重要的对话。

心理学家洛萨达和希普希研究了同一组织中 60 个不同的团队（规模均在 8 人上下），发现了团队间行动模式的主要差异。表现不佳的团队在一种互不信任和愤世嫉俗的气氛中运作，成员的互动模式僵化而固定。成功的团队则充满活力和信任的氛围，成员的互动方式灵活多变。我对这项研究的理解是，在成功的对话中，前面谈到的所有四种语言行为都会出现，而不是某些语言行为会"消失不见"。

有几种类型的"搁浅会议"会让人们陷入困境之中。以下是几种最常见的情况：

- 有人称王称霸的会议。一两个个性鲜明的人占据了大部分发言时间。其他人很难插上一句话，即使发言，也往往是为了同意核心"推动者"的提议。一些团队成员会缄默不语，不再聆听；另一些则保持沉默，把反对意见留到会议结束后再在自己的小圈子里聊起。

- 离题万里的会议。讨论含糊、重复，毫无进展。人们总是离题万里，或者不认真对待会议内容。会议往往没有议程，或者即使有议程也被忽视。人们说得太久或太详细，没有人"主导"会议。大家对重要的事情缺乏共识，因此会议无法取得进展。

- 充满冲突的会议。人们意见相左，甚至当着客户的面也不尊重对方的观点。同事们在会议期间交头接耳。人们在电脑上打字，对要求提供意见的呼声不予回应。会议令人反感，以至于团队成员迟到或根本不参加会议。意见相左的人把问题个人化，而不是客观地看待对方的想法或建议。

许多管理者并没有注意到这些会议所带来的隐性成本：会后决策无法执行，没有新思路，人们失去动力，士气低落。这些互动有一个可预见的模式：缺少一种或多种语言行为。

以下是三种"搁浅会议"及其缺失的对话行为（剧透提示：如果你想更好地发展自己"洞察房间内的人际动力"的能力，请在继续阅读之前先整理自己的想法）。

- 有人称王称霸的会议。由一两个人主导。其他人倾向于跟随。这种会议缺少的是反对者和旁观者。
- 离题万里的会议。这是由一系列个人独白构成的会议。人们会提出意见和观点，但不会以其他人的发言为基础。这种会议缺乏更广阔的视野，缺少的是跟随者和旁观者。
- 充满冲突的会议。参会的人相互反对，却不提出自己的建议。其他成员缺席，很难知道他们的想法。这种会议缺少的是推动者和旁观者。

扩展你的认知

要进行真实的对话，领导者不仅需要准确地"洞察房间内的人际动力"，还需要扩大自己的认知，以便在对话中能够更加灵活机敏。他们需要酌情引入缺失的语言行为，或者让其他人扩大他们的思考范围，以提供缺失的语言行为。正如迈克尔・A. 吉诺维斯（Michael A. Genovese）在《领导力的未来》（*The Future of Leadership*）一书中指出的：

> "伟大的领导者具有灵活的风格。他们能根据演奏的音乐调整自己的舞蹈……他们能识别何时推进、何时后退、何时领导、何时跟随、何时说话、何时保持沉默、何时强制行动、何时克制。"

近年来，人们对爱好发号施令的"命令—控制"式领导的容忍度越来越低。

我遇见过一些领导者，他们宣称自己不喜欢命令式风格，但仍然通过发布命令和努力控制来开展工作。他们的发言要么是坚持己见、指明方向（推动），要么是质疑和回击（反对）。他们期望他人同意（跟随），但他们都忽视了更广泛的视角（旁观）。

要想在这个考验人的时刻发挥领导作用，领导者需要培养自己的能力，在适当的时候引入四种语言行为。如果对话中不仅有"推动"和"反对"，还有提供赞成意见和支持的"跟随"以及提供更大视角和客观性的"旁观"，氛围就会截然不同，结果也会截然不同。这一点非常重要，因为我们生活在一个更难做出正确决策的时代。

为了提供对话中缺少的语言行为，需要培养你"发挥"自己最不擅长的语言行为的能力。例如，如果你在团队会议中几乎从不反对，或者一反对就会给自己带来麻烦，那么你就需要想办法更巧妙地提出不同意见、质疑他人观点以及为自己的立场辩护。你可以借鉴以下这几种策略：

- 在安全的环境中练习。例如，你可以对你并不愿意或不能参加的会议说"不"，接受自己无法参会的事实。

- 提前考虑如何变通。预测在会议上提出反对意见会有什么好处。想一想你提出质疑的理由。

- 找出一个好榜样。环顾四周，看看谁体现了你想要发展出的能力。观察他们说话的时机、用词和语气。找出你可以借鉴的地方。

- 找到适合自己的语言。使用你能接受的词语。你可能不想说我要"扮演魔鬼代言人"，而更愿意说"我有不同的看法"。

- 找到一个值得信赖的盟友。了解其他持有类似观点的人。意识到自己并非孤军奋战。有支持你的人在场，你就会感受到力量。

- 征求反馈意见。邀请一位值得信赖的同事分享他对你的"实验"的观察。了解实验结果。反思下次该怎么做。

以上都是能让你在不失礼的情况下进行干预的策略。无论你是应该推动、跟随、反对还是旁观，都可以采用这些方法。这种扩展了的能力将加强你的领导力，使团队能够成功制定战略或有效迎接挑战。

最后，作为领导者，要鼓励你的团队成熟地相互协作。不要让你和你的团队成员陷入僵化地只扮演某一种"角色"的陷阱，要轮流扮演不同的角色，从而促进自身语言行为模式的改变。亨利商学院领导力教授彼得·霍金斯博士（Dr. Peter Hawkins）提出了以下四点建议：

- 推动者成为筹划者。推动者与其提出解决方案，不如退一步，将团队面临的挑战描述一下，并邀请他人来想出解决办法："我们面临以下挑战，我需要你们的帮助，找出应对方法。"

- 反对者成为探询者。与其反对解决方案，不如分担忧虑，提出问题，探讨可能产生的意外后果。"如果我们能共同应对这一挑战，会有什么比较好的结果呢？"

- 旁观者变为贡献者。不再袖手旁观，而是分享一种模式，说出一个困境，或更有大局意识。"我注意到，过去让我们陷入困境的一种模式是……"

- 跟随者成为执行者。与其只是同意，不如让改变发生。主动带头采取一些后续行动。"我们下个月这个时候做 Y 怎么样？我可以提供 Z 的最新进展情况。"

改变

回到本章开头的故事，马可决定要打破团队中重复出现的"礼貌服从"模式。他对四种语言行为模式的理解增强了他的自我意识和系统意识。

马可承认，他的舒适区是"推动"，而"跟随"对他来说并不舒服。他对会议室的认知是，他负责"推动"，其他人则负责"跟随"。团队中没有反对者和旁观者。他需要改变一下，想办法把缺失的语言行为带入房间。

为了提升和转变团队的表现，马可邀请他们参加了一次办公室外的会议，并请我主持。当我们讨论设计方案时，我让大家站在房间的不同位置，而不是坐在椅子上，这样我们就能打破僵化的关系，改变谈话内容。

我们在地板上铺了 11 张纸，代表 11 个地方办事处。我们尽可能地让布局反映出这家公司在全球的业务分布状况。当人们站在系统中各自的位置上时，新加坡和阿根廷团队之间的距离之远令人震惊。

当我请团队成员描述他们当地办公室的气氛时，他们的回答各不相同，很能说明问题。一些团队"快乐""喧闹""商业化"，但另一些则"沉默""紧张""压力大"。地理位置越偏僻的团队，似乎就越难以找到对整个团队的归属感。

"你们怎么看这种模式？"我问道，请大家广泛发表自己的看法。

"跨时区工作是一项真正的挑战。我们倾向于使用冗长的电子邮件交流，而不是拿起电话交谈。"

"我们需要打破这种恶性循环，"最新加入的一位成员说，"因为我们不说话，所以我们感觉与外界脱节，这使得对话变得更加困难。"

人们三三两两地站在一起，看起来若有所思。尽管这些旁观很有价值，但我感觉还需要更多。

我借鉴约翰·卡曾巴赫（John Karzenbach）和道格拉斯·史密斯（Douglas Smith）在《哈佛商业评论经典》（*Harvard Business Review Classics*）中的研究成果，将高绩效团队的定义投影到会议室前方的白色大屏幕上：

"团队是由数量有限的技能互补的人组成的，他们采取一种相互担责的方法致力于实现某个共同的目的和一系列绩效目标。"

这不是个简洁好懂的定义，但它点明了团队与高绩效个人间的不同之处。

我说："现在想象有一条曲线横跨整个房间。从零到十，屏幕这里代表十。这是一支处于巅峰状态的团队。而在房间的另一侧，也就是门的位置，则是零。你觉得这支队伍现在在哪里？去站在那里。"

一些人轻快地走到了某一个位置上，另一些人则来回更换。一个人不停地尝试不同的位置，直到他找到感觉合适的位置。几分钟后，房间里才安静下来。团队成员站在从分值 2 到分值 8 的不同的地方。

一位刚加入团队的新成员说："我认为我们的得分是十

分中的四分。我们的团队技能超棒，但没有一套绩效目标。"

"我不同意。"下一个人说，他的打分是七，"我们有商业计划，其中有我们的工作目标，你需要认真读一读！"

团队中一位工作时间最长的成员说："我认为我们的成绩可以打八分。与几年前相比，我们已经取得了长足的进步，那时我们甚至还没有亚洲和南美办事处。"

马可说："我同意。几年前，我们没有共同的目标。现在，我们至少有一个共同的愿望，那就是成为一个有完美执行力的高绩效全球团队。"

"太棒了！"我想。"现在我们解锁了'反对'这一步，而马可在'跟随'。"

随着人们在房间里走动，谈话变得更加活跃。小组成员们表达了找到一个彼此都方便的谈话时间有多么困难，在没有任何紧张压力的情况下说出他们的挫败感又是多么不容易。他们分享了一些成功的故事，并相互拍手称赞。慢慢地，团队开始有了方向感。

一个人说："我们需要更多地合作，走出我们的孤岛，一起做一些项目工作。"

"我们可以是一个团队，但不需要每个人都参与所有事情，"另一个人建议道，"我们可以每月'深入探讨'一个问题，让有能力的人参与进来。"

马可的副手说："我很乐意为我们的主要利益相关者组

织'拜访'活动。请告诉我您希望我邀请谁，我会安排的。"

有了团队成员的这些"举动"，会议室里充满了积极的能量。会议结束时，大家讨论了棘手的业务问题，并商定了下一步行动。团队确定了可以讨论问题的时间窗口，他们承诺每月召开一次会议讨论"工作战略"，每季度召开一次会议讨论新出现的战略问题。考虑到该团队的全球业务的规模和每周向客户开具的费用清单，通过更好的对话来提高他们的工作效率，显然会对公司的盈利产生巨大影响。

在最后一轮讨论中，一位团队成员说，她对整个团队齐心协力解决面临的问题感到"感动"。有一种"我们风雨同舟的感觉"。我看着对面的马可。他的眼睛闪闪发光。压力依然存在，但他的团队已经准备好了迎接挑战。要运用其中的智慧，请参阅练习14——干预团队动力。

练习14 ■■ 干预团队动力 ◐

1. 在你的团队（或你经常参与的小组）中，有哪些困难的情况或重复的模式？如果从四种语言行为（推动、跟随、反对、旁观）的角度来看，你会发现什么？

2. 缺少哪些语言行为？如何将这些语言行为带入会议室？哪些语言可以帮助你做出"推动""跟随""反对"或"旁观"的行为？

3. 如何让其他人能够采取他们通常不会采取的语言行为？你可以在房间里绘制哪些"地图"，鼓励人们在房间里自由走动？如果你在网上工作，你可以如何打破动态，以不同的方式让人们参与进来？（例如，你仍然可以使用 0～10 的"打分制度"，并邀请人们在"聊天"中输入自己的打分。）

记住，如果你是房间里资历最老的人，你可能需要付出额外的努力来鼓励其他人采取"跟随"以外的语言行为。当团队成员采取反对或旁观的语言行为时，承认他们的贡献，即使你觉得这很困难。提醒自己，让这些语言行为出现在你能做出回应的会议室里，总比出现在你无能为力的闭门谈话中要好。

无论与谁交谈，也无论在什么场合，练就洞察全场的能力，都会给你带来优势。这是一个关键的秘诀，它能让每个人都参与其中，进行真实、富有成效和有疗效的对话。正如亨利·福特（Henry Ford）所说："如果大家都齐头并进，那么成功就会自动到来。"

// 本章小结 //

1. 要讨论真正重要的问题，"洞察会场的人际动力"是一项必须掌握的基本技能。它能让领导者及时发现诸如群体思维、权力斗争和两极分化等困难的动态，然后巧妙地进行干预。

2. 双重处理是关键。你的部分注意力集中在对话内容上，而另一部分意识则关注人们（包括你自己）是如何参与其中的。

3. 创造性对话中有四种对话行为或语言行为。每种语言行为都会带来积极的意图："推动"带来方向，"跟随"带来支持，"反对"带来挑战，"旁观"带来新的视角。在对话中，这四种语言行为都存在，而且它们之间是互相流动的。

4. 培养你的自我意识，能让你发挥自己的长处，并注意到自己在哪些方面会因为过度发挥某种作用而"卡壳"。意识到自己的"反应倾向"以及这种倾向在对话中的表现，能为你的表现方式提供更多选择，从而让你更有效地参与对话。

5. 培养自己的系统意识能让你注意到哪些行为是缺失的。然后，高明的领导者会提供缺失的语言行为，或邀请其他人这样做，并鼓励人们通过身份的转变做出更多贡献。打破僵化的态势，让真实的对话成为可能。

如果你现在只能做一件事……退后一步观察。看看发生了什么、人们在做什么。关注对话的内容和过程。注意人们是如何说话的，以及他们说了什么。注意谁在做出贡献，谁在保持沉默。通过自己提供或邀请他人提供缺失的"语言行为"（推动、跟随、反对或旁观）来打破任何僵持的对话局面。

第八章
营造对话场域

———

领导者的职责不是想出了不起的主意，他们的职责是营造一种让超棒的想法得以实现的场域。

——西蒙·斯涅克（Simon Sinek）

在与利益相关者合作时，领导者必须营造"抱持性场域"，而不是去侵占他人空间。这两种立场会产生截然不同的后果。当领导者自我膨胀时，其他人就会保持沉默；因为被领导者一般会选择"礼貌跟随"，但如此一来冲突就会慢慢酝酿。与此相反，当领导者致力于营造一个抱持性场域时，他们就会创造一个广阔的情感空间，让利益相关者尊重彼此的差异，发展全新思维，并找到解决棘手问题的新方法。

一个高明的领导者会认识到，真实的对话会流经四个对话"场域"，每个场域都有其独特的氛围。了解这一顺序并感知每一个场域，能让领导者驾驭矛盾并解决冲突。即使观点各异，一个团体也能在富有创造性的空间里讨论最重要的问题，从而做出更好的决策、解决问题并采取集体行动。

阿德（Ade）是英格兰北部一所大型小学的校长，他说话时听起来很紧张。他的声音紧绷，他的双手扭结在一起。

"在学校的两年里，我面临的主要挑战不是 300 名学生，甚至不是家长，而是怨声载道的老师们。"

"哦，"我想，"是谁让老师们怨声载道呢？"

我决定把这个问题先"压"下来。阿德并没有意识到我的"左手栏"在发言，他没有喘口气就继续说了下去。

"学校还不错，但现在学校的发展却因为教职员工之间的紧张关系而停滞不前。有些教师和助教已经在这里工作了 20 多年。其他人在这里工作的时间要短得多。我们试图讨论如何做出改变，但无济于事。有时，教职工活动室里的气氛凝重到你可以用刀子去割。"

我决定继续聆听。

"在前任校长的领导下，教职员工已经习惯了我行我素。因为她放任不管的风格，老师们只能自己出手。出了问题，他们很容易责怪她。我上任后，重新考查了大家的绩效，导致有的老师被降级，或者不得不接受较低水平的工资。现在，怨恨情绪仍在那些觉得自己受到了不公平对待的人中间蔓延。"

"你想要做什么？"我问道。

阿德说："我想把一所好学校变成一所伟大的学校。我希望孩子们能有更多的团队合作和更好的学习收获。"

"听起来志向远大。"我说道，"但障碍是什么？"

"人们争夺职位，形成派系。我有时候都疑惑我们这样的学校竟然是一所好学校。"

阿德直直地盯着我的眼睛。

"信任是必需的，但我不知道如何建立信任。"

营造场域为何至关重要

建立信任很难。要解决信任问题，就需要先有信任。如果缺乏信任，又如何开始建立信任呢？布琳·布朗（Brené Brown）的研究发现，回避困难对话的后果是团队的信任度和参与度降低。在团体缺乏信任时谈论信任是很困难的，进行对话对于创造信任至关重要。这是有风险的，也是令人不舒服的，但正如一些心理治疗师所说：唯一的出路就是闯过去。如果不说出真实情况，人与人之间竖起的隔膜之墙就不会倒塌。

帕特里克·兰西奥尼在他的畅销书《团队协作的五大障碍》中概述了团队面临的常见陷阱。同样的心理状况也适用于利益相关者群体。兰西奥尼用一个包含五个层次的三角形来形象地说明这一点（见图 8-1）。

图 8-1　团队协作的五大障碍

三角形的底部是缺乏信任。所有其他障碍都位于其上。不信任会导致对冲突的恐惧，而冲突又会导致缺乏承诺，因为人们还没有认真思考自己的想法；然后是没有信仰，所以逃避责任；最后是对结果的无视。

相比之下，在高绩效的团队或小组中，人们彼此信任，即使有冲突也能够以一种健康的方式进行沟通。通过有效的对话，他们达成了对行动计划的承诺并能相互问责，大家共同努力以取得想要的成就。

任何团体要想从优秀走向卓越，都需要消除最根本的障碍——缺乏信任。如果不解决这个问题，一个小组就会停留在两个地方：人们要么彼此"好得蜜里调油"（正如一位客户所描述的那样），永远也不触及问题的症结所在，要么因分歧而造成分裂，进而升级为斗争，那时一切似乎都无法挽回。

在人与人之间缺乏信任的情况下，要想进行建设性的对话，首先需要营造一种充满信任的对话氛围。领导者不能命令别人信任自己，也不能强制他人去信任自己，更不可能购买信任。以一种自以为是的方式展开对话永远不会激励他人踏入未知领域。我们需要另一种更微妙的方法，那就是营造场域。

"营造场域"的含义

几年前，我为英国一家建筑协会主持了一次会议，从中学到了营造"抱持性场域"的真谛。那是一个周一，而我周六刚从美国连夜飞回来。红眼航班的飞行很不稳定，气流的颠簸让我在旅途中的大部分时间里都无法入睡。

在上午的议程进行到一半时我感到很困惑。通常到了这个时候，小组内会形成一种团结的氛围，但这个小组的气氛依然不融洽。他们在说话，而不是在对话。一些参与者在查看他们的智能手机（尽管我要求不要这样做）。没有幽默的涟漪，没有持续的眼神交流，也没有轻松的微笑。

我突然意识到为什么没有出现能表明"能量场"变得更加和谐的迹象。在糊里糊涂倒时差的状态下，我错过了最基本的干预措施：进行"签入"（check in）仪式（稍后会详细介绍）。会议结束时，小组成员可以更容易地在一起交流了，但我们始终没有形成那种团结一心的"集体意识"。没有进行"签入"仪式给整个会议蒙上了一层阴影。

"抱持性场域"不是分析出来的，而是感受出来的。当人们全神贯注地聚集在一个房间里，大家会彼此注视，而不是转移视线。闲聊时局促的微笑会被明亮闪烁的眼神所取代。下一个人发言时，会让前一个人把话说完。当出现误解时，人们会放慢语速，仔细斟酌自己的话语。当出现意想不到的幽默瞬间时，笑声会在房间里荡漾开来。

我曾听其他顾问说过，"营造场域"是领导力的一种"高级艺术"。但这是什么意思呢？这是一个奇怪的短语。它可能会让你联想到把果冻钉在墙上或把水放在筛子里。

要使其成为现实，我们需要具有清晰的概念和某种实践模式。

抱持性场域包含并超越了简单的"心理安全"的意思。它指的是一种环境，在这种环境中，团队成员感到他们可以去承担人际交往中的风险，而不会因此影响职业发展；他们仍然会受到团队成员的尊重和接受。虽然人们有了充分的安全感才会敞开心扉、分享他们的问题和担忧，正如艾米·埃德蒙森（Amy Edmonson）教授的研究所表明的那样，但困难的对话还需要其他更多的品质。

核工业领域的研究表明，即使是在意见分歧、众说纷纭的情况下，只要具备五种额外的特质，就有可能为建设性和创造性对话创造条件。也就是说，通过营造一种探询的、包容的、自发的、充满希望和自由的氛围，人们会感到彼此更紧密地联系在一起，有更强的集体认同感，也更容易就资源利用的更优方式达成一致意见。我们稍后还会回来继续探讨这一点。

创造性对话的空间既需要是"熔炉"，也需要是"避难所"。在这里，我们既能体验到人们紧密连接的温暖，也能感受到说出真相的不适。它能产生创造性的"火焰"，但这火焰不会熊熊燃烧。这是作家兼治疗师罗伯特·奥古斯都·马斯特斯（Robert Augustus Masters）对健康的人际关系的描述。在这种空间里，我们可以放下戒备，做真正的自己。同时，通过直面与他人交往的挑战，成为一个更有同理心的人。马斯特斯将亲密关系称为"21 世纪的道场",因为亲密关系蕴含着唤醒更完整自我的潜能。团队中的真实对话就相当于企业中的道场。

我将"打造抱持性场域"定义为创造一个广阔的情感空间的能力,在这个空间里,利益相关者尊重他们之间的分歧,化解他们之间的冲突,并展现新的可能性。由此产生的"新"东西——无论是共同的理解、有感召力的组织使命,还是一系列协调一致的行动——都是为整个生态系统服务的,而不仅仅是在满足房间里最高层人员的需求。它的产生来源于各种观点的交织与碰撞,而不是一个人的独自思考。

改变人们说话的方式,就能改变人们的行动方式。改变人们的行动方式,就能改变由此产生的结果。一个蓬勃发展的企业、一所一流的大学和一个成功的非营利组织都是由对话构成的网络。这些实体中都有领导者在举行会议。如果他们的对话是建设性的,那么这个组织就可能是卓有成效的。如果他们的对话是破坏性的,那么组织就有可能陷入困境。

打造抱持性场域既是一门微妙的艺术,也是一项可以学习的重要技能。其有三个关键的组成因素:(1)建立一个"容器",这是一个足够安全的空间,在这里,人们可以以自己的真实面目示人,并感受到自己是被尊重的;(2)了解对话是通过四个语言行为领域的可预测序列进行的；（3）知道如何从一个领域跨越"门槛"到下一个领域，这样你就不会被困在一个领域，也不会过早或完全退出对话过程。

所有这一切都始于你能感知你所处的空间，并知道如何驾驭房间中的气氛。让我们回到学校的故事，看看这一切是如何发生的。

打造对话"容器"

我和我的同事仔细思考了为阿德的团队建立信任这一挑战性议题。阿德邀请我们为 42 名教职员工举办一次外出活动。在"全员参与"的情况下——教师和助教、保育员和"午休员"（在午餐时间照看孩子们的工作人员）、行政人员和高级领导团队全部到场——这是一个令人兴奋的机会，我们可以建立一个"容器"（见第三章）来进行对话，为员工和他们照看的孩子们带来改变。

当人们鱼贯进入学校礼堂时，我们请他们与其他不太熟悉的人坐在一起。随着信任的逐渐建立，我们建议坐在一起的人找出他们的共同点。这是一种非正式的"签入"仪式：一种将每个人的声音带入房间的方式，这样他们就有机会建立联系。

随后，他们进行了热烈的讨论。在这个十月的清晨，大厅里本来堆满了椅子和折叠式攀爬架，显得有些冷清，但小组讨论让大厅充满了一种明媚的温暖。在他们交谈的过程中，我注意到有些人慢慢放下了紧抱的双臂，坐回到了自己的座位上。他们坐在椅子上轻松地交谈着，椅子腿来回划过布满划痕的白色地板。我邀请每个小组分享他们讨论的内容。

"我们都是右撇子。"一个三人小组说道。

另一个人说："我们都戴过眼镜。"

几位女士说："我们都化妆。"

这一轮结束时，他们的笑声已经将空气中的冰冷融化掉。"破冰"一词是一个准确的描述，它指的是在会议开始时让大家互动的活动。破冰是一种缓解焦虑的方式，这种焦虑潜藏在团体欢聚一堂的表面之下：别人会喜欢我吗？我是否会被视为有能力的？说出自己的真实想法是否安全？这些问题一直折磨着我们，直到我们找到自己的声音。

"签入"仪式是可以让人们在某个空间"落地"的重要工具。当你给人们"安全到达"的充分机会时，房间里的气氛就会改变。人们的"在场"——他们全神贯注的注意力——是任何组织中最宝贵的资源。帮助参与者放下旅途的疲惫，让他们安全到达目的地并抛开杂念，会让他们的发言和思考更加丰富和深刻。

"签入"也设定了一个大家发言时间大致相同的模式。美国麻省理工学院斯隆管理学院的心理学家在最初发表于《科学》（Science）杂志的一篇文章中指出，我们通常认为与高效团队相关的几个因素其实与之并不相关。这些因素包括小组的平均智商、最聪明成员的智商以及小组的规模。表现更为出色的小组是那些成员轮流参与对话的小组。参与模式较为均衡的小组的表现优于由一两个人主导的小组，即使是在团队成员看似都很"聪明"的小组中也是如此。

建立全员参与模式的一个简单方法是从"签入"开始。如需进一步思考这个话题，请参阅练习15——"签入"仪式。

练习15 ■■   "签入"仪式

"签入"仪式有助于创建一个"容器"，从而减少一两个人独占发言时间的可能性。对于那些做过一次发言的人来说，表达自己也会变得更加容易。当人们觉得能够从自己独特的角度说出真话时，不同声音的混合就会产生某种"心理安全"。

想一想未来的某个会议，让每个与会者充分参与会议有什么帮助：

- 以更紧密联系、更以人为本的方式开展工作会有哪些好处？会面临哪些挑战？除本练习外，还有哪些准备工作可以帮助你进行"签入"（例如，与一位值得信赖的同事进行讨论，他将出席你设想中的会议）。

- 在会议开始时，你可以使用哪个（或哪些）"签入"问题来听取每个人的意见？考虑一下你的用语。"你今天感觉如何"可能不是个好问题，"你今天是带着什么能量进入会场的"可能是更好的开场白（更多关于这个问题的灵感见下文）。思考你想要定下的会议基调，以及非正式的程度。或者，如果人们对"感性"的东西不屑一顾，你可能会采用更加正式的问题。你可以做两轮签入，正式的和非正式的。你个人对签入问题会如何作答呢？

- 你将采用什么程序？你是会：（a）围绕着桌子或人们围成的圈子依次进行；（b）以更随机的方式邀请大家参与，感觉到谁想发言了就邀请谁；（c）请已发言的人"传递接力棒"并选择下一个人（只有拿着"接力棒"的人才能发言）；或者（d）采取其他方式？如果是视频通话，可以按参与人员名字的字母顺序请大家发言。如果是全球团队，可以从南半球转到北半球，或者从北半球到南半球（这是一种对大家地理知识的"测试"，能为会议带来欢笑）。

- 你需要考虑哪些实际问题？如果会议室里的人数较多（超过 12 人），请考虑如何让大家组成 3 到 4 人的"小组"，以便在小组内"签入"。然后，你可以以此听取每个小组的反馈；如果小组的数量太多，选择听取一个小组的反馈就好。其他实用建议请见下文。

"签入"仪式可以采用的问题：

以下这些问题是非正式的问题，其目的是鼓励人们在对话中展示更为完整的自我：

- 你的旅途怎么样？用一种颜色描述你现在的状态。
- 你最近有什么"自豪时刻"？
- 什么能让你微笑（无论是在工作中还是在个人生活中）？
- 如果本组织是一个"马戏团"，你将扮演什么角色（旋转盘子的杂技演员、杂耍演员、小丑、摊主……）？
- 为了来到这里参会，你放弃了什么？

更正式的方式则可以激发人们的好奇心，让人们明确对话的目的：

- 你觉得本次会议的最佳成果可能是什么？
- 你想带着什么离开会议室？
- 你有什么问题希望我们一起探讨？
- 你希望利益相关者如何评价本次会议的影响？
- 你给我们今天的探索带来了什么力量？

一些实用技巧

这里有一些让"签入"仪式更能发挥作用的建议，无论是采用面对面的方式还是线上的方式：

- 愿意先说。作为领导者，如果其他人不愿意发言，你可能需要"打破僵局"，例如，"如果让我回答这个问题，我会说……"
- 使用提示。将问题呈现在挂图上、屏幕上或"聊天框"中。这将有助于人们在会议刚开始情绪高涨时不偏离轨道。
- 使用视觉效果。有一些很好的在线资源可以帮助我们，如"blob tree"⊖，用散布在树周围的具有不同表情的人物来代表我们的情绪。"blob tree"变体包括用散布在足球场上的小人表达情绪的"blob football"和风格更为休闲的"blob beach"等。人们有时发现，用图像比用文字更容易确定自己的感受。你可以从 https://www.pipwilson.com 下载图片（其中一些图片是免费的）。

⊖ blob tree 是英国学校开设的情绪管理课上的常用工具，可以用在家庭教育、职场、社交、学校教育中。这棵树周围的人物都没有性别、年龄特征，所以人们可以用他们来代表自己目前的情绪。——译者注

制定基本规则

现在我们回到学校礼堂，"签入"结束后阿德的发言为会议定下了基调。

他说："我希望大家今天是快乐的，但不能没收获。我们还有工作要做。"

他接着宣读了在三年前申请校长职位的求职信中对学校的愿景。他在他的学校发展计划中提出，教师与学生、家长和教职员工之间都要建立起健康而稳定的关系。这种稳定的关系将有助于学校对"全人"的培养。

阿德发言的时候，有几位工作人员一直凝视着窗外，一些人摆弄着手机，还有一个人打了个哈欠。在阿德停下来喘口气的时候，会场的寂静让他感到不安。

我认为这是介绍一些"基本规则"的好时机。团体都遵守某种协议对于真实的对话非常宝贵。对于会议协调人来说，签订保密协议是标准操作程序，而较少见的做法是制定规则。这些规则不仅有助于建立一个安全的空间，而且有助于建立一个充满活力的"抱持性场域"。

根据我的经验，有五条关键的基本规则。每一条都能带来不同的品质（在之前的行文中我已经提到了对话在核工业中的作用）。它们是：

1. 使用以"我"为主语的陈述。当人们习惯于使用以

"你"为主语的陈述("会议开始得晚了,你会感到厌烦")或以"我们"为主语的陈述("我们做决定的能力很差")时,对话就会失去活力。请大家以"我"的身份发言,这样他们就能真正"拥有"自己所说的话,并带来自己独特的观点("我认为 X 是我们的首要任务")。这就为我们带来了希望。

2. 当不舒服的情况发生时,欢迎它。当团队谈论重要的事情时,人们很可能会"触发"彼此的痛点。扩大对不适的容忍度能为好奇心创造空间。更深层次的学习往往就发生在我们舒适区的边缘。探询的氛围弥足珍贵。

3. 安住当下,充分聆听。对话不能照本宣科(除非是剧本或书籍)。真正的对话是参与者共同创造的,它产生于交流的瞬间。认识到这一现实会为对话带来一种自发性。

4. 分享平等的发言时间。轮流发言对于富有成效的对话至关重要。一个小组如果容忍以自我为中心、喋喋不休的人,那么这个小组将永远无法出色地完成工作。如果你允许其他人习惯性地保持沉默,那么整个小组就会错失他们的智慧。这就带来了包容的品质。

5. 没有人是错的。鼓励全心全意地参与,承认每个人都有自己独特的声音,其他人应予以尊重。承认会议室里的不同观点带来的机遇和挑战。如果你被别人说的某些话激怒了,在说话之前先暂停一下,考虑一下他们也许没有错。这会给你带来自由。

"你还有什么要说的规则吗?"我问道。

一位助教说："是的。让我们同意我们都有权利善意地表达不同意见吧！"

大厅里回荡着一片赞许声。我把它和其他基本规则一起写在了挂图上。现在，规则已经制定，空间已经形成。正如诗人罗伯特·弗罗斯特（Robert Frost）所说："好篱笆成就好邻居。"制定规则可以让对话自由进行。

话语的改变

那天上午稍晚的时候，我分享了斯蒂芬·柯维（Stephen Covey）的一些至理名言，他说信任是生命的黏合剂，也是有效沟通的最基本要素。我在描述他的"信任等式"时，有人举起了手。我还没说完"他人越能感觉到你的出发点是你自己，他们就越不信任你"这句话，就被举手的老师打断了。

"这是一个有用的框架，但我如何判断一个人是否值得信任？真的能做到吗？"

他的声音中带着愤怒。这一次，现场的沉默中充满了紧张的氛围。几个人坐直了身子。所有人的目光都集中在会议室的前面。接下来发生的事情至关重要。一句话就能催化"场域能量"的变化。

阿德缓缓地说："自从我加入这所学校以来，我每天都在问自己：我在帮助人们建立信任方面做得怎么样？"

他的目光直视着工作人员，没有来回踱步，也没有坐立不安。房间里气氛的变化显示了"话语的变化"。艾萨克斯用这个短语来描述当有人冒险以"真实"的面目出现时会发生什么。对话变得不那么虚无缥缈，而是更接地气；不那么理智冰冷，而是更真实。它创造了一个"人之为人"的时刻。当我们看不到他人的人性时，沟通就会变得困难；当我们更愿意连接对方但又不刻意为之时，对话就会变得更容易。

"我有个想法，"我说，"如果你们愿意的话，咱们做个实验？你们都得离开座位，站起来。"

人们站起来的时候，看起来松了一口气，也都很好奇。我早就了解到，当我们活动身体时，我们的思想也在活动。我们的身体会影响我们的心理。

我说："请站在这条假想的连续线上。在大厅门边的这一端，是为那些愿意并能够敞开心扉的人准备的。另一端——钢琴旁边——是给那些不愿意冒这个险的人的。位置没有对错之分。这只是你现在感觉真实的地方。"

在人们寻找自己的位置时，有些人先仔细观察其他人的站位。最终，假想线的两端各站了几个人，但聚集人数最多的区域是中间靠近"低信任度"一侧的地方。

"好的，谢谢你们，"我说，"现在，我可以问你一个问题吗？"我转向一位工作人员，他点了点头。"你为什么没有给一个更低的分数？"正如《真实领导者》（*The Naked Leader*）一书的作者戴维·泰勒（David Taylor）所说，这个问题是天才问题。它借鉴了潘塔隆博士（Dr Pantalon，

一名临床心理学家、科学家和研究动机的专家）三十年的
研究成果。

　　他人可能希望你问一个更典型的问题："你为什么不给
一个更高的分数?"问题是，这个问题会引发关于他们为何
缺乏信任的讨论。而问题"你为什么不给一个更低的分数"
证明他们之间确实存在着一定程度的信任。一句话就能把
对话引向不同的方向。

　　那位女士疑惑地看着我。她显然在等另一个问题。思
索了一会儿，她说："嗯，我知道在内心深处，我至少可以
信任我的一些同事。早些时候，如果不能跟同事们顺畅沟
通的话，我根本无法应付那一段日子。"

　　她分享完后，其他人也发表了自己的看法。当他们的
意见"闪现"出来时，我感觉整个会议室都在探讨哪里存
在信任，哪里缺失信任。当人们聆听是为了理解，而不是
为了发言和"唇枪舌战"时，这种感觉是强大和治愈的。

　　然后，我请大家向代表"更多信任"的一端迈出一小
步——用身体迈出一小步。信任并不是二元对立的，它有
不同的程度，也可以不断增强。

　　我问："现在需要怎么做，你才愿意更多地信任同事?"

　　一个人说："我必须能够诚实，而不必担心我所说的话
会被用来对付我。"

　　另一个人说："我必须更好地了解我的同事，并愿意寻
求帮助。"

　　第三个人说："我必须想办法看着别人的眼睛，并学会说

'不'。"

房间那头的女士说:"我需要更多的自信来表达我自己。"

"成了!"我说。她笑了。

当大家从这个信任练习中回到座位上时,彼此之间的敌意都烟消云散了。我们已经在路上了。

感知对话的四个场域

了解到对话是按照四个对话"场域"的顺序进行的,就能让小组以新的方式思考和行动。当领导者注意到这一过程,就有可能开展更具变革性的对话。如果领导者没有认识到这一规律,那么小组就很有可能停留在客套或分裂的状态。

当然,这种模式和实际情况中的对话相比,其呈现的方式会更加"线性"。对话,尤其是小组对话,是杂乱无章、循环往复的,而且在某种程度上是不可预测的,远远超出了我下面描述的场域顺序。但尽管如此,在许多利益相关者持不同观点的会议上,一个"指南"还是很有帮助的。

对"四个场域"的感知可以提高个人和集体处理危机的能力。过程工作创始人之一阿诺德·明戴尔(Arnold Mindell)用"处理危机"这个说法描述了他们建设可持续社区的经历。当冲突爆发时,领导者必须有"维持抱持性场域"的能力,而不是让场域"塌陷"。如果领导者能够感受到紧张气氛而不"发作"，就有可能进行更深入的对话。

艾萨克斯指出，"场域"是"具有特殊能量和交流质量的空间"。每个对话场域都有不同的特征、模式和压力。当一个小组通过利用特定的资源（稍后会有更多介绍）跨过一个阈值时，一个会话场域就会转变为下一个对话场域。

四个对话场域是全球思想领袖、作家奥托·夏莫提出的。我在我的上一本书《使命驱动》中也谈到了这个模型，因为我观察到团队在谈论他们的"使命"时经历了这个过程。要阐明一个引人注目的组织使命，通常需要重新设定公司的利润，这样的谈话会令人不快。如果利润不再是主要的目的，一些利益相关者会觉得这是一种威胁，而另一些人则认为这是一种解放。讨论组织使命不是"舒适的聊天"；它经常涉及冲突，因为需要关注商业模式的各种元素。在谈及"为什么"时，也要考虑这一过程。

"四个对话场域"将分歧视为开展真正对话的必要条件和过渡阶段。四个对话场域的顺序与其他的团队发展模式——如塔克曼（Tuckman）的"形成、风暴、规范、执行和哀悼"团体阶段——相呼应。斯科特·派克（Scott Peck）的社区演变模型也有类似的阶段：伪社区阶段、混乱阶段、清空或发现阶段和社区阶段。在每个模型中，团体都必须经历一次动荡才能走向成熟，都需要在磨砺中成长。

夏莫的模式很有价值，因为它抓住了对话的几个核心方面：（1）四个对话场域中的每一个都有独特的氛围；它们的"感觉"明显不同。(2)四种语言行为(推动、跟随、反对、旁观)的模式各具特色,这也是每个场域的特点。(3)在四个对话场域中,对沉默的体验会发生变化。正如马克·科尔(Mark Cole)和约翰·希金斯(John Higgins)在《工作中听不见的声音》(*The Great Unheard at Work*)一书中所写,我们经常忽视组织中的沉默,但沉默却很能说明问题。

图 8-2 给出了四个对话场域:

图 8-2　对话的四个场域

四个场域分别如下:

- 第一个场域——礼貌场域或"个人独白"场域。人们根据"社会规则"说出他们认为应该说的话(因此,"整体至上")。仪式化的交谈产生了社会"黏合剂"。由于人们互不相识,谈话就显得非常正式,充满了寒暄，但气氛僵化。由于没有一个可以吸收或容纳压力的"容器"，关于差异的讨论很少发生。这个场域与其说是对话，不如说是一连串的个人独白。其对应四种语言行为中的"推动"和"跟随"，但没有"反对"或"旁观"。如果出现沉默，会让人感觉非常尴尬。

- 第二个域场——分裂场域或控制性交谈场域。人们开始说出自己的真实想法（因此有了"部分至上"的说法）。人们开始畅所欲言，表达不同意见。气氛变得更加紧张。这可能会让人感觉到躁动不安或心生恐惧。人们的反应变得更加激烈，会坚守自己的观点。有些人可能会试图在辩论中"取胜"，或让自己的观点先声夺人。另一些人则可能会寻找对方论点中的漏洞，从而驳斥他们的立场。这种情况下，人们极容易出现冲动反应。"推动"和"反对"可能会发生，但缺少"跟随"和"旁观"。沉默让人感觉紧张，甚至充满敌意。有些人咬着嘴唇保持沉默，尤其是那些处于从属地位的人。

- 第三个场域——探询场域或反思性对话场域。如果能将好奇精神带入对话过程，就会打开一个更加具有反思性的对话空间。聆听会变得更为深入。人们会放慢语速，提出问题，而不仅仅是盲目断言。当他们不同意别人的观点时，会深入询问。他们采取的态度是

"让我们看看我们这种分歧是如何产生的"。其对应的可能的语言行为有"推动""跟随""反对"和"旁观"。沉默的到来是因为人们在思考。人们会觉得停顿是自然发生的，是对话能量的起起伏伏的一部分。没有人觉得沉默是被强迫的，或被用作一种操纵的手段。在这样的空间里，新的意义开始展现。

- 第四个场域——心流场域或创造性对话场域。这一场域最为罕见。人们开始以创造性的方式共同思考问题。新的见解不断涌现，不同的观点被融为一体（"整体"再次成为主要的目的）。氛围敞亮，足以容纳截然不同的观点。气氛活跃，创造性对话出现，同步现象产生。沉默甚至让人感到庄严而神圣，因为静止的时刻预示着小组真正需要关注的焦点出现了。随着集体智慧的流动，一种共同奋斗的感觉取代了前两个场域的以个人为焦点的情形。共同理解所产生的"蜂群思维"常常让人感到很难准确描述这种幸福的体验。

有了这张描述四个对话场域的"地图"，我们就能更容易"定位"自己在对话过程中的位置。当出现干扰时——就像上述例子中教师的问题一样——对话的成败就取决于这一刻。一个尖锐的问题会让小组走出令人愉快但毫无新意的第一个场域——礼貌的场域。某个参会者扔出的这块

"石头"其实是一份珍贵的礼物。它让小组走出肤浅的讨论，进入一个更真实的空间，即使它可能会让人感到不舒服。

领导者如何处理这种高能量、高强度的时刻至关重要。许多团体在这一时刻又退回到了虚假的礼貌的状态，再也无法超越。如果领导者在这一刻变得很有防御性，其他人就会退缩，或采取更加坚决的立场进行斗争。第二个场域可以提供"变革的燃料"（借用艾萨克斯的话），但前提是领导者必须有能力承受分歧之火。

如果没有一个强有力的抱持性的容器，冲突会被严格控制，谈话也会变成无病呻吟。领导者往往会将自己的议程强加于人，于是其他人就会忍气吞声，小组又会陷入虚假的"礼貌的顺从"。人们不愿说出自己的真实想法，悬而未决的问题被推到桌下悄悄发酵。

有了强有力的"容器"，冲突就成了转型的催化剂。从场域二（分裂）到场域三（探询）需要跨越一道"门槛"。这可能会让人感觉很冒险，因为之前的对话方式受到了挑战。事实上，对话在"四个场域"的运行中要跨越三道"门槛"。每一道门槛的跨越都需要不同的资源或"品质"。接下来，我将介绍这些"跨越门槛的资源"。

1. 安住当下

从场域一（礼貌）跨越到场域二（分裂）让许多团队

感到很挣扎，这并不奇怪。如果他们长时间保持友善而不坦诚，被压抑的能量就会通过愤怒的爆发、尖锐的问题或讽刺的评论表现出来。

激烈抨击可能让人感觉很棘手，但却能让对立的观点变得清晰。领导者所面临的挑战是接受挑衅性的评论，将其视为创造更多深度对话的催化剂，而不是将其视为"大胆"。只有当我们通过深呼吸，通过连接到内心的安稳，完全地置身当下时，我们才能做到这一点。

控制我们的本能反应至关重要。诗人戴维·怀特（David Whyte）所说的"强大的脆弱性"就是一个很好的盟友。当你愿意真实地披露自我时（正如阿德所做的），它就会激励其他人表现出更多的"完整自我"。在布琳·布朗的著作中，过上有意义生活的唯一途径就是与他人真诚接触。这就意味着要拥抱脆弱，因为只有通过拥抱脆弱我们才能发展出诚实、同情和怜悯的品质。

让自己变得脆弱才是力量的源泉，这与成长在西方文化中的我们的直觉相悖。然而，承认错误、道歉或表示自己在犹豫不决会让对话继续下去，而不是终止对话。我们都犯过错，承认错误会让我们更"真实"。这样，别人就更容易与我们产生共鸣。

面对强大的挑战，领导者需要"比房间里最大的干扰更强大"。比尔·艾萨克斯在我参加他举办的"集体智慧的领导力"（Leadership for Collective Intelligence）课程时，与我分享了这些见解。当有人挑战我们时，自卫、愤恨或尴尬是可以理解的。安住当下，感受自己的不适、感受它的影响则是比较少见的做法，但这种做法可以保证你的反应不会破坏对话过程。对反对者说"谢谢"，然后看看其他人的想法，这样就能推动讨论向前发展。

欢迎不同意见是一种真正的领导行为。要有效地解决问题，团队需要不同的观点。发表不同意见会让人感到不舒服，但这是进行热烈讨论的必要条件。承认意见分歧比试图将其掩盖更有效。直言"你说的完全是另一回事"比搪塞的空谈更诚实。

"我想我们说的都是同一件事。"明确的观点会带来善意。紧接着你可以问："是否还有其他感受不那么强烈的人可以分享不同的观点？"我们意识到，在对话过程的每一个阶段，培养安住当下的能力都很有帮助，而在有不同声音出现时，安住当下的能力更是必不可少。

2. 保持好奇心

想要打破从"分裂"退回到"礼貌"的普遍模式，提高自己容忍冲突的能力是必不可少的。我们需要愿意"迎接"与我们想法不同的人，而不是筑起防御的高墙。能够在这个时刻维持住"抱持性场域"的领导者能够将"分裂"重新定义为一个过渡性阶段。否则，就只能是一切照旧，老一套的抱怨不断涌现，工作却毫无进展。

当我们停止发表意见，保持好奇心时，就会从场域二（分裂）进入场域三（探询）。我们通过询问他人的感受或假设来探询真实情况。我们表示希望更多地了解他人的想法。我们承认他人的感受，并邀请他们说出更多。带着真正的好奇心，不带任何评判地提问，是我们在对话遭遇干扰时最好的做法。

比尔·艾萨克斯教会了我在对话的关键时刻提出两个很有力量的具体问题。我当时在与世界银行和国际金融公司合作，在印度斋浦尔开展一个将其投资组合重新平衡的项目。我在对话过程中使用了这两个问题。鉴于上述这一新的战略方向，一些员工对战略的实施方式表示担忧。我和同伴共同主持的对话会议旨在提供一个安全的空间，以探讨员工眼中的风险，并商定前进的方向。

这两个问题是：（1）如果我们做出这种改变，会有什么风险？（2）如果我们不这样做，会有什么风险？这些问题为员工提供了一个分享他们的担忧和识别风险的机会，也为管理层提供了一个分享在事情出错时他们会如何提供支持的机会。在为期两天的会议开始时，会议室里的紧张气氛可想而知。第二天会议结束时，80名与会者共同制订了一项行动实施计划，但这仅仅是因为不同的意见受到了欢迎、聆听和尊重。

3. 让一切自然发生

从"探询"转入"心流"的情况很少见，但大家确实能够达成一种共同的理解。要将场域三（探询）转化为场域四（心流），小组需要共同思考与探讨，以形成共同的理解，这会让他们有机会共同创建更美好的未来。这样的现场充满了创造力，对话毫不费力。变革的发生不需要任何人刻意努力。

当存在多个利益相关者、相互竞争的议程和困难的情绪时，真正的对话很少发生，但它在发生时却是无价之宝。"创造性形象"的出现是一个强有力的信号，表明一个小组已经进入了第四个场域。这可以通过一个短语、比喻甚至一个新的缩写来体现。让我们回到学校的故事，探讨如何在第三和第四场域中游刃有余：也就是让心流跟随探询发生。

转折点

大家回到座位上后，气氛变得更加平和了。我的共同主持人说："我们希望你们思考两个问题。你希望学校保留什么？你最希望学校改变的一件事是什么？"

经过一段时间的思考，大家在色彩鲜艳的便签上写下了自己的想法，然后把便签贴在黑板上，让每个人都能看到。在会议室而不是走廊里讨论集体问题，可以让团队讨论真正重要的议题，并建立更加充满信任的关系。

教职员工都希望保留的内容包括教职工社交活动、学生的健康和关注"上课话多的孩子"。在希望改变什么的议题上，大家的意见明显趋于一致，即有高质量的对话时间、建立更牢固的教职员工关系、以更开放和诚实的态度解决问题等。

　　了解了这些情况后，我非常希望学校的教职员工之间能恢复信任。虽然没有发生过重大的背叛事件，但有些怨恨的情绪可以追溯到学校重组时期。即使只有一两个员工感到不满和不被重视，也足以影响整个会议室的气氛。

　　我们要求大家重新组合，让低年级的教师们坐在一起，领导小组、辅助人员等也分别坐在一起。我们要求他们确定另一个团队，并讨论：（1）他们可以提供哪些帮助；（2）他们希望对方改变什么行为，以便建立更牢固的关系。

　　我们说："请具体一点，把你的想法写下来。"

　　要进入"心流"的状态，最好让小组有时间一起思考和讨论。先在小组内进行对话，然后再进行大组内的对话往往更容易。我们大多数人都是在人数较少的家庭中学会交谈的，至少在北半球是如此。在这种环境下，我们更容易找到自己的声音，而不是在一个有20、40或80多人的房间里试图直接对话。

　　在更大的群体中当然也可以进行对话，但这是一门艺术。伯姆在《论对话》一书中写道，他从一位人类学家那里了解到，这位人类学家曾在一个大约50人的北美部落生活过很长一段时间。这个部落时不时地围成一圈，"他们就在那里说啊说啊说……每个人都可以参与其中。"整个部落和更小的小团体有很多互动。"对话一直在进行，直到最后似乎无缘无故地戛然而止，小组成员也都散开了。但是，在那之后，每个人似乎都知道自己该做什么，因为他们彼此非常了解。之后，他们可以分成小组做一些事情或决定一些事情。"

在较小的分组和整个群体之间移动会使对话更加容易。要运用其中的智慧，请参阅练习16——改变"舞蹈编排"。

练习16 ■■ 改变"舞蹈编排"

你希望在某次会议上具有不同视角的多个利益相关者能共同思考。请思考以下问题，为会议做好准备。记住，真实的对话不仅仅是"创造性对话"，也包括了"礼貌""分裂"和"探询"三个场域的对话。

你所使用的"舞蹈编排"——如何布置会场和邀请人们互动——从一开始就塑造了对话的形态。开始得好，结果也不会太坏。本练习是上一个练习（举行"签入"仪式）的直接后续练习。

1. 如何布置会议室，让大家尽快摆脱"礼貌"的束缚？例如，将五把椅子排成"马蹄形"，而不是一排排分组，这样人们就可以很容易地挤成一团，进行"签入"仪式。

2. 可能会出现哪些冲突或破裂？你能预料到谁会提出哪些反对意见，甚至是邀请谁来提出反对意见？当这些反对的声音出现时，你该如何保持镇定自若和全然安住内心（例如，深呼吸，双脚平放在地上，在座位上坐直等）？

3. 为了进入"探询"场域，你可以提出哪些开放性问题？（例如，"我们如何才能……？""你为什么这么说？""我们在这里有什么选择？"）你能带来或邀请他人带来哪些"旁观者"视角？想想有什么办法可以让大家离开座位站起身来，例如邀请大家站在某条"连续线"上。

4. 要进入"心流"的场域，你要如何改变人们互动的方式，让他们一起进行思考？例如，在全组对话之前，你可以：

a. 请大家分成"同类"小组，请他们对房间里的另一个小组表示赞赏并提出要求。b. 邀请大家组成三人小组，其中一名"问题持有者"负责就某个关键话题给出见解，一名"支持者"和一名"反对者"负责提出问题。c. 请每个人针对一个关键话题说出自己的想法。每个人都发言后，展开自由对话。

5. 为了给会议画上句号，你可以提出什么"总结性"问题？可能很简单，比如："关于这次对话，你有什么感想？"或者："从这次会议中，你有什么收获想与大家分享？"

在他们组成几个"小组"之后，我们依次听取了每个小组的汇报。低年级教师首先发言。

他们的发言人说："我们要感谢助教们对我们随时随地的帮助。我们不常说我们有多么感激，我们需要更多地表达我们的感恩，就从现在开始！"

助教们的眼睛里闪烁着被认可的光芒。

她接着说："我们希望你们能帮助我们改进课程计划。你们有很好的想法，我们却没有听到。我们建议从下周一开始，每周召开一次例会，集思广益。"

这正是我们所追求的：在员工中建立更强烈的集体感，展开具体而切实的行动。信任产生于人与人之间的互动。每当我们凝视某人的目光，发送一条鼓励的信息，或询问某人的感受——并聆听他们的回应——我们都在创造信任。每当我们对别人说三道四，忽视一封重要的电子邮件，或者隐瞒一些最适合分享的信息，我们就违背了信任。信任是一个健康的团队和一个蓬勃发展的组织的基石。

其他小组紧随其后，概述了他们愿意提供的帮助，并以尊重的态度提出了要求。午间工作者要求领导团队在午餐时多花些时间与孩子们在一起。老师们要求午间工作者在午休结束时响两次铃，以提醒孩子们更快地回到教室。当阿德被告知他待在教员室的时间不够时，他坦然接受，并保证以后一天中至少有一次休息时间会待在教员室。

"这才是在对话。"后排一位老师的声音响彻大厅。

我笑了。我想起了托马斯·杰斐逊（Thomas Jefferson）的话："如果你想要你从未拥有过的东西，你就必须愿意做你从未做过的事情。"虽然信任是无形的，但促成或减损信任的行动却是微小而具体的。

以"签出"仪式结束会议

随着时间的推移，各小组相互倾诉了不满，提出了要求，并就下一步工作提出了建议。42 名工作人员之间的对话就像四五个人聊天一样轻松。

会议结束时，我们进行了"签出"（check out）仪式。我们邀请大家畅谈自己对会议的感想。由于时间不够，只有几个人分享了自己的想法，但感觉他们是在代表大家发言。

"我感到非常陶醉，"其中一位教师说，"因为房间里充满了爱！"就这样，我知道信任开始建立，怨言已经消失。后来，当我把行李搬进汽车后备厢准备离开会场时，我感觉我不负众望，胜利完成了工作。我相信，这个团队在"抱持性场域"中通过对话所学到的知识和洞察力将使他们在未来能够建设一所伟大的学校。

一起交谈固然重要——但在整个团队团结合作的背景下，对话会变得更加深入。语言是好的，但行动更好——尤其是能够建立信任、让大家共同解决影响每个人的问题的行动。

// 本章小结 **//**

1. 要想让小组讨论真正重要的问题，领导者必须"营造抱持性场域"，而不是侵占他人的空间。这就意味着要创造一个广阔的情感空间，让人们可以在这个空间里表达自己的不同意见，而不会破坏小组的凝聚力和共同奋斗的意识。

2. 心理安全是必要的，但还不足以使对话产生。对话的产生还需要其他特质：它们分别是探询、包容、自发、充满希望和自由。依据这些特质制定基本规则，可以创造一个有利于对话的环境。

3. "容器"既是避难所，也是熔炉。它既有人际交往的温暖，也有说出真相的锋芒。"签入"仪式帮助人们在此时此地"着陆"，找到自己独特的声音，从而有利于"容器"的营造。

4. 对话在四个场域中依次进行：礼貌、分裂、探询和心流。每个场域都有自己的感觉、能量和模式。许多小组无法忍受"分裂"带来的不适，于是又回到了"礼貌"场域。

5. 要进入下一个场域，就必须跨过一道门槛。而想要跨过每一道门槛，就需要有一个对应的重要品质。它们分别是"安住当下""保持好奇心"和"让一切自然发生"。

6. 对"礼貌"场域的干扰会给我们带来改变的可能性，但需要领导者安住内心，活在当下。

7. 要跨越"分裂"场域，进入"探询"场域，我们就需要有一种好奇心，以阻止冲突升级。

8. 要走出"探询"场域，进入"心流"场域，我们就需要有更深刻的共同思考意识。改变会场组织方式会有所帮助，比如在进行全体对话之前先分成小组。

如果你现在只能做一件事……仔细观察你的会场。注意谈话的氛围。如果会场氛围过于礼貌，要敢于以更真实的方式展现自己：表达你的担忧、指出一种模式或说出某种存在的风险。可以使用"我是这么想的……""我会这么思考是因为……"等句型将对话引向更深的层次。

PART THREE

第三部分
付诸实践的对话领导艺术

第九章
用对话推动变革

———

变革的陷阱是沟通和激励的环节，这是变革项目夭折之处。

——南希·罗斯巴德（Nancy Rothbard）

对于需要创新的团体来说，开放式的交流是一种巨大的激励。为了激发这种动力，处于我们这个混乱时代的领导者需要的沟通能力不仅是思维上的，更是心灵上的；他们需要把积极分子变成盟友，并以平等的姿态传递大胆的愿景。他们所需要的技能就是建立对话文化的能力，也许可以从高层领导团队或董事会谈论他们想要共同创造的东西开始。

使用这种方法，转型变革就成为可能。通过对话的方式引领变革具有很大的挑战性，但其难度远远小于以毫不交流的方式来推动变革。

多方利益相关者之间的真实对话是一门艺术。领导者很难掌控结果，会场气氛会更加活跃，但问题也会更加棘手；赢家和输家的区分意味着一些人会采取顽固的立场并阻碍变革的发生；各方隐藏的心思，无论是真实存在的还是被人感知到的，都会破坏统一的决策和行动。

要克服这些障碍，了解对话过程的四个关键原则——潜力原则、参与原则、一致原则和觉察原则——会很有帮助。运用这些知识（以及我们之前谈到的专注聆听、坦率发言、感知会场气氛和营造和谐场域的能力），可以让领导者将自己的身份从控制者转变为共同构想者、召集人、催化剂和教练，从而使可持续变革成为可能。

> 纳兹（Naz）是一家大型医疗机构的首席执行官，当我们进行视频通话时，她正坐在厨房里。"这段时间我压力很大，"她说，"刚从新冠疫情的阴影下走出来，感觉这段时间真的很坎坷。"
>
> 她的眉头皱了起来。
>
> "作为一家独立的医疗服务提供商，我们希望为社区居民做正确的事，但我们也想野心勃勃地发展自己的事业。我们已经得到了医院的合同，但我们不希望它们对我们过多地限制。虽然不善于为自己庆祝成功，但我们也为自己的业绩感到自豪。"
>
> "新冠疫情导致董事会成员和员工之间的互动大为减少。而同时，公司希望能节约1亿英镑的费用，这感觉就像一场完美的风暴。"
>
> 在我指导该公司的执行团队的5年时间里，他们非常愿意努力发展自己的对话能力，并在帮助人们更健康地生活方面努力做到最好，这给我留下了深刻印象。2019年，护理质量委员会（Care Quality Commission，CQC）授予该机构"良好"的总体评级，其中两个单位获得了"杰出"的评级。

"那么，可以期待下一次董事会会议有什么最好的结果呢？"我问道，因为我知道离这次会议只有两周时间了。这是一次可以进行不同形式的对话的难得机会。这是我第二次与该公司的高管和非高管一起工作，第一次是在新冠疫情之前，当时的首席执行官和主席与现任的不同。他们同意抽出两天时间进行最重要的对话。

"这不仅仅是在重塑我们的商业计划。"纳兹若有所思地说，"我们需要制定我们的战略方向。"

"你要怎样才能做到这一点？"我问道。

"如果我们建立了更多的信任，我们就能有效率地做决定并按部就班地做事。风险是，我们说了又说，绕了又绕，但却毫无进展。我们需要商定如何更好地定位自己，使自己成为有价值的合作伙伴。我们必须克服紧张情绪，这样我们就不会对医院产生怀疑，并建立起我们想要的合作关系。"

我觉得纳兹说得很有道理。我把她的看法加入了自己对会议设计的思考中。我还需要打 10 个电话与董事会的其他成员进行沟通，我很想知道其他人对他们需要讨论的问题有什么看法。我相信，这些对话会让我对董事会会议上要克服的难题有更深刻的认识。

在接下来的一周里，我听到了对我提出的"什么是会议最好的结果"这一问题的不同回答。执行官们的反馈包括：

1. 我们需要在不争吵的前提下有效地进行质疑。我们需要成为一个强大而团结的董事会，这样我们才不会轻易地被收购。

2. 我们需要进行一些真正的对话交流，讨论我们作为一个组织的独特贡献是什么，以及我们今年要实现什么目标。

3. 我们需要更多的彼此信任，以便做出决定，并对什么是好的董事会形成共识。我们需要讨论问责制的真正含义。

4. 作为一个合作的团队我们要变得更加强大，要使两位新任执行官尽快融入。非执行董事的观点可能会与我们相互冲突，我们可能会陷入困境。

非执行董事的反馈包括：

1. 明确我们的目标，让董事会帮助我们做大做强。我们需要更多开诚布公的对话，这样我们才不会被其他组织视为掠夺性十足的分包商。

2. 统一我们的发展目标。在如何看待我们的组织，以及它在更广阔背景中的定位方面，我们的想法并不一致。高管们都非常忙碌，我们都需要更多地彼此交流。

3. 我们需要更紧密地联系在一起，需要明确我们要共享哪些信息才能做出正确决策。有些人认为本组织正在走下坡路，我们需要向他们提出异议。

4. 作为一个团队公开探讨合同的谈判过程，这样我们才能保持作为一个团队而不是两个团队的立场。我们需要决定如何更好地定位自己，以便在与医院的讨论中用"同一个声音说话"。

通过对话激活变革的努力提醒我现实的多重维度是如何真实存在的。在我处境最糟糕的时候，很容易在面对不同场景的时候感到困惑和不知所措。不过，我又想起了阿兰·德波顿（Alain de Botton，作家兼哲学家）的话：

> "当你不太知道该做什么，但又感觉到舒适和兴奋时，工作是最容易让人产生成就感的。"

在我最有信心的时刻，我相信对话是在不同观点的碰撞交织中自然产生的。这种自然产生的感觉非常重要。如果董事会成员认为议程是从外部强加给他们的，那就不可能展开真正的对话。

为了帮助董事会确定议题的优先次序，我要求每位成员在参加会议前做一些准备。我请他们思考董事会可以先进行哪些关键对话，以提升会议的最大价值（例如关于战略、愿景、增长、工作方式或任何其他相关主题的对话），并完成我与我的同事安德鲁·怀特博士（Dr Andrew White）合作开发的"关键对话表格"（见图 9 - 1）。

为了完成该表格，我要求执行委员会成员确定三个或三个以上的主题，将其放在表格的适当位置，并将增添了附加说明的版本带到会议上。

关键对话表格通过两种方式邀请我们反思：

（1）对话对成员日常绩效的影响；

（2）人们感知到的对话难度。以对话难度区分的话，存在以下四种对话类型：

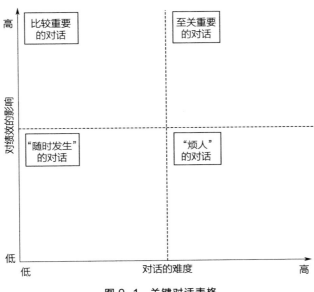

图 9-1　关键对话表格

- 至关重要的对话。这些对话既有影响力又有难度。例如，围绕统一愿景、人力战略、风险偏好和董事会成员间关系的讨论。当董事会不再回避这些讨论时，就会获得诸多益处。他们可以解决问题、做出决定并确定要采取的行动。关键对话技能也得到了发展（真实地发言、有效地提出质疑、深入地聆听和暂缓判断），这些技能之后可用于其他场合。

- 比较重要的对话。这些对话具有影响力，但难度较低。例如，围绕既定战略进行交流、根据既定标准做出投资决策，以及商定业务规划流程。这些对话推动了问题的解决，但由于这些对话较为直接，参与者无法发展可迁移的技能，因而无法在其他情况下讨论重要的问题。

- "烦人"的对话。这些对话影响较小，却很困难。例如，制定绩效指标，决定如何召开"全体会议"或大型会议，以及商定董事会文件包含的内容。这些对话是必要的，但由于人们很难看到回报，因此往往认为它们是一种拖累。

- "随时发生"的对话。这些对话影响较小、难度较低。这方面的例子包括：同意对常设操作流程进行修改、决定小额支出和解决错过最后期限的问题。一旦小组确定了对话的难度等级，他们往往就会产生进行交谈的动力。

关键对话表格是讨论最重要的问题的一种非常有用的方式。正如艾萨克斯所说，对话不是"空谈"，对话是有效决策的关键，而有效的决策又能带来有力的行动。没有对话，人们可能只在兜圈子，而讨论毫无进展。有了对话，人们就能进行重要的交流，并引发变革。

人们普遍认为，在组织中，变革计划失败的次数要多于成功的次数。可以肯定的是，变革的复杂性、微妙性和模糊性超过了许多领导者的认识，而领导者在支持文化变革方面起着至关重要的作用。领导行为与企业业绩有着明显的相关性。要使变革项目取得成功而不是夭折，对话发挥着核心作用。

沃里克商学院的基思·格林特教授认为，无论身处何地，领导者都会遇到"变革迷宫"这个普遍存在的问题。领导变革的一个良好起点是关注我们如何应对挑战：我们既可以激发集体行动，也可以将其扼杀在摇篮中。这里，我们先来区分一下里特尔（Rittell）和韦伯（Webber）区分的"温和的"与"棘手的"问题类型：

- 温和的问题可能很复杂，但通过运用现有的专业知识、发挥专家的洞察力或运行标准操作程序，最终是可以解决的。例如，建造医院、编制铁路时刻表或处理工资谈判。
- 另一方面，棘手的问题是复杂的、难以解决的，需要对新情况采取创新的应对措施。发展医疗保健伙伴关系、解决犯罪多发问题或制定劳资关系战略都是棘手问题的例子。它们涉及更长的时间框架，在战略上更有针对性。

棘手的问题也没有格林特所说的"止步点"——它们不会止步于一个组织的边界，而是存在于不同组织之间或同一组织内的不同部门之间。因此，棘手问题没有简单的解决办法。格林特评论说，领导者通常更愿意舒服地面对温和的或技术性更强的问题：

"领导艺术的讽刺之处在于，它往往在看似最有必要的地方消失不见了。"

同样，罗恩·海菲茨（Ron Heifetz）和唐纳德·劳里（Donald Laurie）在 1997 年发表于《哈佛商业评论》的一篇文章中也指出了这一点：

"许多通过并购、重组、再造和战略来实现组织转型的努力之所以失败，是因为管理者未能掌握调适性工作的要求。他们犯了一个典型的错误，就是把适应性挑战当作技术问题来对待，以为这些问题可以由作风强硬的高级管理人员来解决。"

纳兹及其董事会面临的问题是一个没有现成答案的调适性挑战，没有手册、规则或明确的路径可循。如何与医院建立健康的合作关系，是他们必须努力解决的问题，而不是试图按某个正确的顺序拉动杠杆就可以完成的。调适性挑战要求的不是高雅的品位，而是一种混乱的参与方式，在这种参与中，讨论、辩论、实验、不确定性和对话都有自己的位置。如需进一步探讨，请参阅练习 17——确定最关键的对话。

练习 17 ■■ 确定最关键的对话

如果你所在的团队或董事会希望引领变革，请要求每位团队成员在下次会议前完成以下任务：

1. 思考本团队/董事会可以进行哪些关键对话，以增加会议的最大价值。这些对话可以是关于战略、愿景、发展、工作方式或任何其他相关主题的。

2. 查看"关键对话表格"并：

- 确定三个或更多主题，并将其放在表格的适当位置。
- 反思是什么阻碍了我们进行这些重要对话。
- 反思我们需要怎样才能进行这些对话。

3. 带一份已完成的表格和笔记参加会议。

两个关于变革的故事

领导变革的一个常见缺陷是过于关注变革的"什么"（新战略、运营模式或组织结构），而对"如何"关注不够（如制定共同愿景，如何让合适的人在适当的时候进行合适的对话等）。下面是两个例子，一个顺利完成变革，另一个变革失败。这两个例子展示了对话——以及缺乏对话——在变革过程中发挥的关键作用。

故事 1：在康沃尔寻找伊甸园

伊甸园项目是英格兰西南部的一个旅游景点，位于一个开垦的矿坑中，160 年来这里一直被用来开采陶土。荷兰裔英国商人蒂姆·斯密特（Tim Smit）和康沃尔郡建筑师乔纳森·波尔（Jonathan Ball）共同创建了该项目，被《卫报》称为"建筑和生物工程的惊人壮举"。

　　该中心于 1995 年动工，2001 年开业，其使命是打造一个"植物与人类共存的活剧场"和"世界濒危物种的避难所"。该中心因其两个巨大的、被称为"生物群落"的温室而有名，两个温室在温度可控的环境中种植了大量植物，包括巨大的香蕉树。考虑到康沃尔湿冷的气候，这是一个令人印象深刻的成就。这块地貌上的"伤疤"已经变成了一个美丽和充满灵感的地方，每年吸引 100 多万游客前来参观。斯密特声称，伊甸园项目为康沃尔郡的发展带来了超过 10 亿英镑的收益。

　　2006 年，随着教育中心的建成，该项目进入了一个新的工作阶段。2008 年，当我参观这座建筑并举办一个健康工作坊时，我发现宽敞明亮的房间里铺着草绿色的地毯，非常有利于开展精彩的对话。我举办的"全新的你"工作坊的主题是通过关于我们真实本性的自由对话，让人们重新认识自己的价值，而房间的布置确实为我们的工作提供了支持。

　　伊甸园项目的目标是成为公认的"可持续发展典范"，并动员组织采用更具生态可持续性的运营方式。伯明翰大学包容性领导力教授唐娜·拉德金（Donna Ladkin）将伊甸园项目的发展作为个案写进了她的作品《领导力再思考》

（*Rethinking Leadership*）中。她参加了很多现场会议，采访了参与施工的人员，并与两名重要的工作人员进行了交谈。她在书中呈现了许多逐字记录的内容，其中包括项目经理安迪·库克（Andy Cook）的一段话：

"我从来没有参与过这样一个项目，你必须不停地说话，不停地说话，不停地说话。很明显，没有一个人能够回答如何成为可持续发展的典范。我们必须一起讨论，才能弄明白这意味着什么。这有点像拼图，每个人都有自己的一块。我开始把我的工作看作把拥有正确知识的人聚集在一起，让我们一起找出答案。"

两位项目负责人反思了他们的职责如何有助于将不同专业和部门的人员联系起来。他们探讨了自己的工作如何有助于实现总体目标，以及他们如何对自己的答案持开放态度。他们敏锐地意识到需要"黏合剂"来激励人们继续参与。他们利用人们对项目的自豪感、兴奋感和热情，激发人们的善意和合作意愿。

他们向人们提出了一个反复出现的问题：成为可持续发展的典范意味着什么？这是一个有争议的问题：意义需要在人们共同讨论、采取行动和评估影响的过程中产生。人们逐渐达成了一些广泛的共识，例如不在任何建筑中使用聚氯乙烯（PVC），聘用当地承包商，并以零废弃物为目标。提出"正确"的问题并不容易，但这样做可以将积极追求差异的真实对话与限制创造意义的非真实对话区分开来。

意义的创造是经由对话实现的，包括领导者、团队成员和其他利益相关者之间的对话。拉德金问道："如果团队成员只是愿景的接受者，那么愿景会被真心实意地采纳吗？如果他们不相信愿景呢？"她认为，通过对话建构意义往往比单方面发表宣言更合适。领导者可以"制定目标"，但"意义"是由参与创造性对话的人共同创造的。保持对话使人们能够采取"正确的行动"，即与组织使命一致的行动。

只有通过对话，才能实现"视野的融合"。拉德金总结说，领导者的作用不是宣布前进的方向，而是提供一个安全的支持性空间，让"相互探询"得以进行。与英雄式的领导者相比，这种参与方式可能显得有些混乱，因为英雄式的领导者会用自己先入为主的主观愿景为大家"指明方向"，然后再试图让其他人接受。而想要成功领导变革则需要放弃控制，邀请团队成员本着开放、包容和好奇的精神提出自己的见解。

故事 2：谢菲尔德的"电锯大屠杀"

1998 年我搬到谢菲尔德时，听当地人说这座城市是"美丽画框中的丑陋画卷"。谢菲尔德市位于广袤的皮克山区的沼泽地带，拥有起伏的山丘、绿色的山谷和石灰岩峡谷，吸引着漫步者、攀岩者和徒步旅行者。从人口稠密的住宅区步行穿过绿树成荫的街道进入皮克山区的中心，是这座城市的一大魅力所在。

谢菲尔德市的街道上有 35000 棵菩提树、白蜡树、梧桐树、樱桃树和楸树。在坑坑洼洼的道路两侧，这些大树的树冠在一排排房屋之间形成了绿色走廊。它们粗壮的树干上长出的树叶经常摩擦着停在路边的汽车和婴儿车。

2012 年，谢菲尔德市政府决定移除一半的树木，代之以树苗。这么做的具体原因不明，但据说是为了便于道路维护，而且，另一个原因正如老话所说的那样，是要"除旧布新"。许多老树的历史可以追溯到维多利亚时代，其中一些还被认为是健康状况不好的。

2012 年，承包商砍伐了第一棵树，引起了当地居民的愤怒。由于缺乏对话，活动人士组织了示威游行，发起请愿并收集签名。他们成立了"谢菲尔德树木活动家组织"并成立了一支由志愿者组成的"飞行小队"，站在树下阻挠施工。2016 至 2018 年间，警方制止了 40 次抗议活动，逮捕了 41 人。2018 年，"谢菲尔德树木活动家组织"申请司法审查，但被驳回。

随后，双方各不相让。抗议者采取了非暴力行动，但仍有两名 70 多岁的养老金领取者被捕。伐木承包商从早上 5 点开始施工，他们叫醒居民并要求他们把车开走。

这件事成了全国的头条新闻。迈克尔·戈夫（Michael Gove）等国会议员和贾维斯·考克（Jarvis Cocker）等名人都谴责了市政府的行为。最终，司法部门进行了独立调查，并于 2023 年 3 月公布了调查结果。此时，已有 5600 棵成年大树被移走，取而代之的是数量相近的树苗。

针对市政府的调查结论包括以下几点：

1. 市政府的方法"有缺陷"，移除树木的决定属于"判断错误"；

2. 市政府被"欺骗"，并误导了公众；

3. 市政府滋生了"地堡心态"，削弱了公众对他们的信任；

4. 市政府显示出"在战略性领导方面严重和持续的失败"。

报告写道："市政府几乎将所有反对他们的人联合在一起。"政府向抗议者提出损害赔偿要求，如果索赔成功，这些人就会破产。他们给市政工作人员和伐木承包商造成了极大的压力，损害了政府的声誉，并夺走了该市数千棵备受喜爱的美丽树木。2017 年，市政府将前议员艾莉森·蒂尔（Alison Teal）告上法庭，原因是她涉嫌违反了一项阻止抗议者保护树木免受电锯伤害的禁令。她后来被判无罪，并表示市政府因她参与和平抗议而对她进行起诉反映了"对民主的恐惧"。

谢菲尔德市政厅最终于 2023 年 6 月发表了长篇公开道歉声明，对在以上事件中误导公众、媒体和法院表示歉意，并承认他们砍伐的许多树木其实是健康的。虽然谢菲尔德市的道路、人行道和照明设施的状况最终都有所改善，但代价非常高昂。报告称这段历史为谢菲尔德市近代史上的"黑暗时刻"。

对话的四项原则

这两个故事蕴含着通过对话促进变革的四项原则。艾萨克斯受伯姆思想的启发，阐述了这些核心原则，我在自己的工作中也应用并调整了这些原则。当领导者的行为符合这些原则时，变革的过程就会因其包容、深刻和智慧极大地鼓舞人心。当领导者违反这些原则时，变革就会受到抵制和阻碍，从而陷入停滞，而且看起来也很愚蠢。一个像市政府一样的领导系统如果不能贯彻这些原则，就会从一开始削弱其创造可持续影响的能力。

每项原则都会引发一系列不同的问题，我将在下文概述这些问题（见图 9-2）。

这些问题并非详尽无遗。问题的能量比内容更重要。这些问题是通过对话产生变革的"种子"。当领导者、团队或小组努力解决这些问题时，他们的对话就会带来持久的变化。我将在本章稍后部分以纳兹和她的团队的故事为例说明这一点。

潜力
作为共同构想者的领导者
我们想要带来什么变化？
我们在多大程度上践行了我们的使命和价值观？
这种情况所蕴含的深层潜力是什么？

觉察
作为教练的领导者
为什么会出现这种情况？
我们可以给出的其他承诺可能是什么？
利益相关者希望我们做什么？

参与
作为召集人的领导者
团队里每个人最关心的是什么，为什么？
是什么让人有归属感？
怎样才能加强我们的关系？

一致
作为催化剂的领导者
如果我们做出改变，会有什么风险？如果我们不这样做，会有什么风险？
要破解的"难题"是什么？
为了向前迈进，需要说出哪些不那么令人高兴的真相？

图 9-2　对话式变革的四项原则

　　这四项原则都要求领导者重新认识自己的身份。正如鲍勃·安德森在《领导的精神》（*The Spirit of Leadership*）中所写的那样，变革工作要求领导者拓展他们的身份感。根据领导者迄今为止获得自身身份感的方式，他们会面临两种挑战，每种挑战都有不同的补救措施：

- 如果一个人的价值感源于自己是负责人、决策人或提供专业意见的人，那么他就需要经历从"某人"转变为"众人中的一个"的身份变换。这是自我形象的一个巨大转变，许多管理者从未经历过这种转变。即使管理者已经接受了教练培训，但由于英雄主义的"烙印"太深刻，他们往往会滑向导师的角色并热衷于提出建议。这些管理者需要扪心自问："如果我没有发号施令、做出正确决定的能力，我是谁?"

- 另一方面,如果一个逃避自己责任的领导一直躲在幕后,一直扮演一个忠诚、勤奋的追随者角色,那么他面临的挑战就是要挺身而出,冒着更引人注目的风险,承担更大的责任。他需要放弃因不承担责任而得到的安逸生活。寻求上级认可、希望得到保护和想要受到重视也可能是这类领导者难以逃脱的"陷阱"。改变这种自我意识会动摇管理者身份意识的核心。他们需要问自己:"如果我失败了或惹得上司不高兴了,我从哪里找到我的自我价值和安全感?"

我们所说的"变革阻力",在很大程度上是管理者在试图进行这些内在转变时所经历的自我挣扎,这也是许多变革失败的原因。如果管理者的心智模式是"我是老板"或"我做不了这个",这些变革就会超出实施变革的管理者的"能力范围"。

总的来说,就是要从一个习惯面对"确定性"和"一切尽在掌握"(或"确定性"和"一切尽在掌握"的假象)的管理者转变为一个重视不确定性和集体力量的领导者。当领导者不再将自己视为总指挥,而是将自己视为召集人、催化剂、教练和共同构想者时,真正的变革就成为可能。他们身份的转变为开展真正的对话奠定了基础。

潜力原则

当新的可能性涌入会议室时，人们会充满活力。他们体验到了某种程度的解放。一个有感召力的组织使命，以及其中蕴含的巨大潜力，能够通过创造一种大家共同努力的氛围感，将人们"拉"向一个新的方向。没有潜力和希望，人们就会逐渐沉沦。正如埃莉诺·罗斯福（Eleanor Roosevelt）所说："未来属于那些相信梦想之美的人。"

我们从"谢菲尔德电锯大屠杀"的故事中看到了市政府没有鼓舞人心的愿景，以及缺乏与居民的对话所造成的影响。当地居民对砍伐树木的决定大加挞伐，认为这是不必要的、不明智的强加行为。砍伐树木的原因很不明确，就像市政府的议程一样令人无语。

普利茅斯市议厅也有一个类似的案例。普利茅斯市议厅决定投资 1270 万英镑实施一项重建计划，他们在市中心阿曼达路上砍伐了 110 棵树，并将其作为"城市规划"的一部分。普利茅斯市近 12000 人签署了反对该计划的请愿书，林地信托基金则表示"参加者的规模令人感到惊愕"。数千人来到阿曼达路，通过留言、献花和在树上系彩色丝带等方式向树木致敬。2023 年 3 月，市保守党议会领袖理查德·宾利（Richard Bingley）在压力之下辞职。没有目的，就没有走向未来的引力。

相比之下，伊甸园项目的创始使命（成为"植物和人类的活剧场"）则像一盏"指路明灯"，为整个组织的发展指明了方向。项目的联合创始人敏锐地发现了废弃矿坑的深层潜力，以及成为引领他人的"可持续发展典范"的可能性。项目经理们通过对话来探讨是什么让人们感到兴奋、充满活力，并为在伊甸园项目工作而感到自豪。他们善于发掘人们尚未开发的智慧，深知创意潜藏在意想不到的角落。而领导者的职责就是发掘它们。

重新认识领导者的角色是组织蓬勃发展、实现可持续增长的核心所在。哈佛商学院领导力学者琳达·希尔（Linda Hill）及与其合著《集体天才：领导创新的艺术与实践》（*Collective Genius：The Art and Practice of Leading Innovation*）一书的合作者们进行了广泛的研究，发现了皮克斯、谷歌和易趣等企业组织具有高度的创新性并取得巨大成功的原因。他们发现，这些先进组织的领导方式与常见的"命令—控制"方式明显不同。

创新型领导者不能充当英雄、专家或独行侠，因为后几种领导方式从一开始就存在缺陷。如果一个团队或组织想要创造出真正具有原创性的东西——无论是合作关系、电影还是新产品——领导者是不可能提前知道所有的创新路径的。如果领导者只是自顾自地勾勒出自己的愿景，然后强迫他人去追随，就会限制激励群体创新的真正可能性。

创新型领导者会创造一种环境，让人们愿意并能够做出贡献。他们不把自己看作总指挥，而是"愿景的共同构想者"。他们将团队内每个人所拥有的"部分天才"整合成集体的天才作品。他们释放并利用人们的创造力，创造出一个共同的愿景，向他人传递灵感。现在，从兰开夏郡、敦提（苏格兰东部港口城市，泰赛德区首府）到哥伦比亚、哥斯达黎加和澳大利亚的一些城市都有了自己的伊甸园项目。

只有当领导者将自己视为"社会建筑师"（借用琳达·希尔的话）时，他们才能通过与供应商、竞争对手、用户和当地社区建立创造性的伙伴关系，以更加开放、灵活、适应性更强的方式进行领导，创造出真正的价值。

要激活团队潜力，需要探讨的问题包括：

- 我们想要带来什么变化？
- 我们在多大程度上践行了我们的使命和价值观？
- 当前情况所蕴含的深层潜力是什么？

参与原则

当人们感到"被强迫"时，改变就会变得更加困难。麦克·克莱顿（Mike Clayton）在《影响力议程》（*The Influence Agenda*）中写道："如果相关人员无须参与，那么项目和变革都将变得轻而易举。"不同的利益相关者都有自己的需求、议程和优先事项。如果他们觉得自己被牵着鼻子走，很可能会公开或隐蔽地进行抵制，正如我们在谢菲尔德树木保护组织和普利茅斯的市民身上看到的那样。

通过命令推动变革貌似会更简单、更快捷，但这只是一种假象。当热衷于当英雄的领导者（比如市政府）为集体"指明方向"时，往往会因为无法获得认同而失败。处理大众的抗拒心理以及强制执行的做法都会耗费大量的宝贵资源。命令式变革产生的后果处理起来要比参与式变革的过程耗时更长，即使后一种方法在开始时似乎更慢一些。

能延续下来的变革是一种共同创造的结果，它产生于人们一起创造意义的过程。在伊甸园项目，人们一次又一次地讨论成为"可持续发展的典范"意味着什么，以及这将如何体现在实际行动中，例如更换聚氯乙烯或让当地供应商参与进来。这需要时间，但正是因为花了时间，才取得了成效。

通过对话进行变革是一个反复进行的、大家共同探讨最重要问题的过程。建立共识需要时间，但投入肯定会带来回报。通过参与共同创造，人们对变革充满信心。在这种情况下，即使是困难的变革，如购买更昂贵的材料，也是可以推进的。

领导者不是控制者，而是召集者。创造变革就是要在正确的时间让"正确的"人参与进来。这意味着不仅要让变革的潜在拥护者参与进来，还要让反对者、万事通和怀疑者参与进来。当有不同的声音提出建议、支持、质疑和反思时，就会出现富有洞察力的对话。（还记得第七章中的四种语言行为模式，即"推动""跟随""反对"和"旁观"吗？）你需要掌握这四种"行为"的技巧，才能实现积极的变革。当对话的参与者彼此建立起深厚、真实的关系时，他们就会拥有一定程度的坦诚和安全感，而这种坦诚和安全感本身就能带来变革。

在"新型领导者心理学"中，"我们"的视角多于"我"的视角。虽然我们经常把英雄主义与领导力联系在一起（想想伊丽莎白一世、丘吉尔、曼德拉），但这是一种误导。昆士兰大学的心理学教授亚历克斯·哈斯拉姆（Alex Haslam）认为，领导者不是"特殊"的人，他是"让他人觉得自己很特殊"的人。哈斯拉姆指出，在切尔西足球俱乐部前主教练何塞·穆里尼奥（José Mourinho）把自己塑造成"特殊的人"时，正是他衰落的开始。

当领导者把自己当作指挥者而不是连接者时，就会影响工作绩效和组织效率。美国学者、作家和领导力研究领域的先驱沃伦·本尼斯（Warren Bennis）曾多次强调，一个领导者的效率与他吸引追随者的能力是相匹配的。领导者的核心任务不是将自己的愿景强加给追随者，而是邀请他们参与对话，共同塑造理想的未来。哈斯拉姆这样描述领导者的定位：他们"创造共同的声音"，而不是谈论自己。真正的领导力不是个人英雄主义，而是一个让群体参与的过程。

要想在谈话中运用参与原则，需要探讨的问题包括：

- 人们在关注什么，为什么？

- 是什么让人们有归属感？

- 怎样才能加强我们之间的关系？

一致原则

当对话能促使人们采取"正确的行动"时，它就会带来变化。我的意思是说，人们采取的行动要与组织的使命相一致，要有利于整体而不仅仅是他们自己。正确行动的出现需要时机，因为这源于人们对问题的理解达成一致。

伯姆认为所有认知都是不完美的，"因为它是对整体的抽象"。寻找我们的意图与结果之间的不一致性，就能找到我们认知的缺陷所在。例如，一位首席执行官可能会说他希望接受挑战，但如果他在有人不同意他的观点时进行辩护，最终就会压制不同意的声音（"他说他欢迎挑战，但当我们提出挑战时，他就会对我们置之不理"）。首席执行官的初衷与他意想不到的结果之间的差距表明，他对挑战如何有效发挥作用的认识并不全面。

数十年来的研究发现，领导者的偏见会导致决策失误和行动失焦。如果不对这些偏见进行研究，要想让变革持续下去就会变得难上加难。例如：

- "确认偏见"，这是指人们更看重与自己偏好的信念一致的信息，而对与之相悖的信息不屑一顾，这种偏见会使对话偏离客观性，走向群体思维。

- "过于自信的偏见"会使团队更容易听信夸大自己能力的领导者（尤其是如果领导者领的薪酬最高的话），而忽视偶然性。这将导致整个组织出现一连串的错误信息。

- "可控性偏见"，即人们倾向于选择看起来风险较小的行动方案。在缺乏证据或数据的情况下，一些人倾向于可以控制的结果，从而降低了变革发生的可能性。

事实证明，与不同的利益相关者进行对话，可以更好地了解问题和执行行动，从而使决策更加协调一致。

有效的变革领导者不是让他人接受自己的思维方式，而是将自己视为"对话场域的维护者"（引用鲍勃·安德森的话）。他们注重共同学习、互相理解和创造意义。领导者就像催化剂，能够消除人们的固有偏见，拓展他们的思维。他们乐于变革，愿意接受挑战，并提出明确的问题，例如：

- 如果我们做出改变，会有什么风险？如果我们不这样做，会有什么风险？

- 要解决的"难题"或核心问题是什么？

- 为了取得进展，需要说出哪些令人不舒服的真相？

拉德金指出，提出问题并聆听你得到的答案是我们了解自己偏见的重要途径。当有人说了一些对我们来说不合理的话时，我们会被震惊得"瞠目结舌"。这种"震惊"有助于揭示我们之前没有意识到的偏见。这样的时刻也让我们明白，行动需要共同协商。每个人都是拼图的一部分，没有人可以掌握整个拼图。

觉察原则

当人们谈论最重要的事情时，对话就会成为变革的工具。当人们分享他们的真实经历和聆听他人的经验时，他们更愿意讨论风险，分享恐惧，说出"难以讨论"的问题。对话越真实，塑造集体现实的假设和信念就越有可能浮出水面。觉察到这些潜在的信念意味着人们可以对它们进行审视甚至更新，使外部变革成为可能。

在《哈佛商业评论》的经典文章《人们不愿改变的真正原因》（*The real reason people won't change*）中，凯根（Kegan）和拉希（Lahey）强调了导致人们"抗拒改变"的一个关键心理因素。他们称之为"竞争性承诺"。它通常是无意识的，但却具有强大的影响力。例如，一个人在与上司讨论辞职的问题时一直在挣扎，这可能是由于他害怕破坏与上司之间的关系并失去联系。他可能会对上司产生一种"过时的忠诚"，这种忠诚反映了他与母亲或父亲的关系，因为他也不想让母亲或父亲失望。这些下属可能没有意识到这种重复的模式，尽管这意味着他们一直生活在无法交谈的阴影中。由于他们内心的这种"竞争性承诺"，他们认为和领导对话是难以完成的任务。

除非我们觉察到隐藏的忠诚，否则它会给我们的经历蒙上一层浓重的阴影，尤其是在集体背景之下。一家初创企业的董事会可能会说，他们希望领导一家世界级的企业，但如果继续沿用许多人仍然信奉的更为随心所欲的企业运营方式，就很难摆脱"随性行事"的模式。除非"竞争性承诺"被说出来、被分享、被讨论，否则它将在幕后操纵整个节目。

要激活"觉察"原则，就需要领导者成为一名教练。他们不再断言前进的方向，而是变得好奇并提出问题：

- 为什么会出现这种情况？
- 我们的"竞争性承诺"是什么？
- 利益相关者希望我们做什么？

随着对话的深入，团体意识也在不断扩展。当对话"场域"开始包括以前无法讨论或意识不到的东西时，小组就会进入"心流"状态。当这种情况发生时，人们感到彼此相连，信任感会随之增强。随着思维限制的松动，新的见解和直觉就会闪现。小组就会收获智慧和新知。

当人们进入更深层次的觉察时，这种觉察在对话结束后依然存在。对话让人们感到，无论是在个人还是集体层面，他们都变得更为强大。因此，一个由不同个体组成的群体开始作为一个整体运作。要进一步探讨这一点，请参阅练习18——激活对话的四项原则。

练习18 ■ 激活对话的四项原则

1. 确定领导团队或董事会面临的"棘手"问题。例如，针对系统性问题制定新战略，或发展跨组织的合作伙伴关系。

2. 思考如何为这个"棘手"问题创造一些动力。回顾以下四种身份转变和四种对话原则，作为领导者你可能同时也是：

a）感知到问题中蕴藏着的深层潜力的共同构想者；

b）邀请他人参与变革并确认他们所关切问题的召集人；

c）通过揭示事实真相和审视风险，带来行动一致性的催化剂；

d）提高人们对"竞争性承诺"的觉察及对利益相关者愿望的认知的教练。

3. 按重要性顺序排列以上四种身份。以最优先事项为重点，探讨对话式变革的四项原则（图9-2）中的相关问题。例如，如果你将"召集人"排在第一位，那么请扪心自问以下问题：

- 人们在关注什么，为什么？

- 是什么让人们有归属感？

- 怎样才能加强我们之间的关系？

4. 思考上一个问题的答案。确定你可以做些什么来解决你所面临的棘手问题。

上升趋势

现在我们回到之前的故事。董事会会议结束六个月后，副首席执行官保罗（Paul）和我通过视频电话聊了起来。当时首席执行官在度假，他接替了她的职责。

"我们一直合作得很好，"保罗说。"新的执行人员已经融入团队，团队运作良好。我们进行了很充分的、具有挑战性的对话，全程没有闹翻。"

我松了一口气。董事会会议上曾有过一些紧张时刻，包括在会议初期，我分享了匿名版的人们想要达成的"伟大成果"，"想要彼此之间多一些信任"的愿望让一些人感到不安。他们认为这意味着团队缺乏信任，而他们并没有这种感觉：至少在此之前没有。

人们感觉到的这种"震惊"让我想起了拉德金的观点，他认为被"忽然震到"的感觉是潜在信念或假设即将浮出水面的标志。幸运的是，我们已经达成了"欢迎不舒服的时刻"的基本规则，因此我们放慢了脚步，聆听大家的提问和不同的观点，深入探讨信任的含义以及团体内的信任度。这让人们在对话中达成了共识，而这种共识在没有被"忽然震到"的情况下是不会出现的。

保罗说："会议提出了许多我未曾预料到的问题。你还记得关于综合业绩报告的所有讨论吗？"

我当然记得。在大家分享了各自完成的"关键对话表格"之后，我在地板上用胶带制作了一个集体版的"关键对话表格"，而综合业绩报告出现在了"至关重要的话题"那一栏中。当大家以小组为单位讨论该把哪个项目放在哪个方格中时，房间里出现了一种只有在全员参与讨论时才会出现的热闹景象。

在会议的晚些时候，有两位非执行董事说出了他们对不能看到报告的不安。当其中一位非执行董事会成员提到"秘密"一词时，会议室里的气氛骤然升温。这是典型的董事会与非执行董事的冲突：非执行董事们怀疑关键信息被隐瞒了，这让他们对报告的详细内容提出了疑问，而执行董事则感到很不高兴。要破解的难题出现了。

保罗反思道："这让人很不舒服，但也逼得大家坦诚相见了。作为执行官，我们可以说报告仍在编写中。并不是我们瞒着他们，只是还没有准备好。"

随着对话的深入，合作的方向逐渐显现出来。过去五年来一直在努力建设富有成效的对话文化的高管们最终商定了完成报告的日期，并确定了负责与非执行董事们分享报告的人员。当首席执行官将执行的细节写在挂图上时，仿佛每个人的呼吸都更顺畅了，这给会议室带来了一种同仇敌忾的团结氛围。

"非执行董事们是对的，"保罗继续说道，"这份报告非常重要，因为它将为我们提供有关所有关键绩效指标的战略观点——但他们认为我们没有分享这份报告是毫无根据的。"

听了保罗的话，我想起了许多公司的董事会在制定战略和具体运作之间的矛盾。过去，我们很容易将围绕报告产生的激烈讨论视为小题大做的"茶杯里的风暴"，但这却是会议的关键部分。非执行董事大胆说出自己的怀疑的做法，让董事会提高了对全局视角与局部细节之间微妙平衡的认识。

保罗补充说："一个月后，我们之间就可以分享报告了，我们对报告的细节都很满意。我认为这次讨论向我们所有人强调了非执行董事以适当的方式提出质疑的最大价值。他们现在做的工作不止于此。"

"外部环境如何？"我问道。

保罗说："如你所知，我们一直担心自己的声誉，尤其是我们感到了来自医院的威胁时。不过，我们的情况正在好转。纳兹正在与医院的首席执行官建立起互相信任的关系。这是她的优势之一。现在在公司内部，执行官们与非执行董事的关系也更加融洽，我们形成了统一战线，这确实有助于与医院建立富有成效的合作关系。"

"太棒了！"我想。

"我们的委托人经常给我们积极的反馈，给我们的活也越来越多。他们认为我们做得很好，国家质量认证中心已将我们评为该地区表现最佳的机构。我们正处于有史以来最好的状态。"

我回想起首席执行官在一对一对话和董事会会议上表达的一些观点。她表达了自己的雄心壮志，希望该组织能成为该地区的系统领导者，并激励其他医疗机构也像他们一样。这清楚地表明了该组织尚未开发的潜力，引起了董事会其他成员的共鸣。在会议上，我带领他们进行了一次"时间轴"练习：我们回顾了过去一年的工作，找出了关键的里程碑、取得的成功和吸取的教训。回顾过去，展望未来，有助于将"融合的视野"带入会议室。

"谢谢你，"保罗说，"你不仅看到了我们的企业文化，还为它的改变做出了贡献。我们秋季再进行一次培训怎么样？"

我说："我很乐意。"

当我退出会议室时，我真切地感受到，技巧高超的、参与性的和真实的对话在领导方式的变革中发挥着至关重要的作用。学会以诚实、有效的方式共同交谈、思考和行动，对于建立真正的伙伴关系至关重要。

对话使组织中隐藏的问题浮出水面，并将董事会促进转型的意图转化为企业文化和企业系统层面的变革，从而惠及所有相关人员，包括员工、供应商和更广泛的社区。

▮▮ 本章小结 ▮▮

1. 在这个日新月异的时代，重新认识领导者的角色是领导工作的核心。从管理者或控制者转变为召集者、催化剂、教练和共同构想者会带来不一样的对话。

2. 产生积极影响的对话过程有四个关键原则：潜力原则、参与原则、一致原则和觉察原则。遵循这些原则会让可持续变革成为可能。违反这些原则，变革就会陷入困境。

3. 当领导者邀请他人参与关于未来可能性的对话时，潜力就会显现出来。他们不会把自己的愿景强加给组织，而是充当愿景的共同构想者，通过共同创造意义来实现"视野融合"。

4. 参与能克服变革的阻力。作为召集人的领导者要注意让合适的人在合适的时间参加合适的会议。人们会支持变革，因为他们觉得自己参与了变革。

5. 当利益相关者以尊重的态度表达不同意见时，有效的对话就会产生。领导者作为催化剂，要允许团队说出真相，聆听不同意见，辨识什么会服务于整个系统，而不仅仅是他们自己的"正确的行动"。

6. 觉察可以揭示看不见的模式、困难的局面和未开发的潜力。当领导者作为教练提出问题、保持好奇心并看到更大的系统时，"竞争性承诺"和隐藏的忠诚就不再是阻碍变革的绊脚石。

如果你现在只能做一件事……看到你想进行的对话的深层潜力。询问其他参与者："这次对话的最佳结果是什么？"让他们的回答决定对话的走向。将对话的内容专注在通过协调行动可以改变的事情上，而不是停留在谈论不能改变的事情上。

第十章
关于使命、目的、人生目标[⊖]的对话

生命的意义在于发现自己的天赋；而生命的目的就是把自己的天赋奉献出去。

———巴勃罗·毕加索（Pablo Picasso）

讨论组织使命需要进行一场真正重要的对话。然而，有些管理者认为使命是一种奢侈品，因此讨论使命是在浪费宝贵的时间。还有一些人感到不安，认为自己还不够好，不配拥有"更高的"使命。有些团队因为看不清使命的全貌，只想待在自己的安乐窝里互相"交火"。各企业组织发现，要平衡不同利益相关方的需求，阐明（并谋求实现）盈利目标或"指标之外"的目的，是一件非常困难的事情。

要克服这些挑战，就需要有一个充满安全感和活力的空间来讨论和思考组织使命问题。如果没有真实的对话，

⊖ 本章谈论的是有关 Purpose 的对话，Purpose 在不同场景会有不同的翻译：在组织、团队层面，可以翻译为使命、宗旨；在个人层面，可以翻译成个人使命或人生目标；在一场对话中，可以翻译成目的、目标、意图。——译者注

使命就会变得遥不可及。有了真实的对话，个人会感到精力充沛，日常工作变得更有意义；团队成员会团结一致，做出有效决策；组织会吸引和留住顶尖人才，产生可持续的优势。因此，组织使命既是艰难对话的源泉，也是艰难对话的重要资源。

　　我准备放松一下，享受这个夜晚。这一天我过得很充实：我从什鲁斯伯里的家乘火车前往牛津，并在赛德商学院发表了一场为继续教育领域的领导举办的名为"为首席执行官做准备"的演讲。我在长长的木制餐桌旁坐下，从酒杯里拿出深绿色的餐巾，铺在我的膝盖上。泰国咖喱的味道飘到了我之前和参与者聊天的酒吧区，我的味蕾在跃动。

　　现在只有我一个人，在大家坐在餐桌之前，我拿出智能手机查看收件箱。一封邮件的标题赫然在目："这就是我的目标吗？"

　　这是一位叫马丁（Martin）的客户发来的，我已经有一段时间没有他的消息了。我们在十年前一起做过一些高管教练的工作，一直断断续续保持着联系。

嗨，莎拉

　　希望你一切都好。

　　你可能还记得，当我们第一次见面并讨论我们将如何合作的框架时，我们进行了多次讨论。有一次，我向你提到了我永恒的问题："这就是我的目标吗？"

　　总之，这些都是很久以前的事了，我不指望你还能完全记得。但是，我还是想跟你分享最近我得到的关于这个问题的一个突然的启示。

　　说起来，我已经很久没有问过自己这个问题了，事实上，我现在已经不问这个问题了。不过，回想起来，那时候这个问题一直拷问着我，没想到答案忽然到来了。"这就是我的目标吗"对我一直都是一个反问句。我问出这个问题，我自己回答了这个问题。

　　答案是肯定的"不"。无论如何想象，这都不是"它"。对我自己来说，这只是一种表达式的暗示；我当然可以做得更多，但如何做呢？我现在认识到，"这就是我的目标吗？"这个问题就是一个触发器，一种催化剂，表明作为一个人，我想从生活中得到更多。我不应该再浪费时间来寻找这个问题的答案。

　　我认为，如果我对这个问题理解得更到位的话，我就会离开我现在的工作（它不再令人满意了），但我却被这份工作的好处困住了——薪水多、职位高、责任重、组织声名在外等。我实在不知道如何做才好，所以才会问这个问题。

　　我的脑海中浮现了多年前马丁的清晰影像，他双手抱头，神情悲伤地坐在那里。我们曾就他的目标——或者说缺乏目标——进行过多次交谈，他的挫败感不停涌上心头。

　　就在这时候，餐桌上出现了一位与会者，并坐到了我旁边的座位上。我停止了阅读信件，把手机放回口袋。剩下的故事还得再等等。

　　也许你也会对类似于"就是这样了吗"的问题感同身受，也许这样的问题也同样困扰着你。许多管理者都希望在工作中有目标感，马丁也不例外。麦肯锡的研究发现，十名员工中就有七名表示他们的目标是由工作决定的；与其他人相比，高管依靠工作实现目标的可能性要高出三倍：他们中十分之九的人表示希望在生活中有人生目标。

当人生目标缺失时，人们往往会感觉到生活缺少了什么，积极性也随之消退。当人生目标存在时，人们的工作效率会更高。他们也更健康、更有韧性、更愿意留在组织中。有目标感的人寿命更长，幸福感更高，更不易受到压力、抑郁和药物滥用的影响，生活满意度、情绪稳定性、乐观程度和自尊水平也更高。唯一的问题是，你的人生目标必须是"真的"——它具有对世界的贡献性和自我成长性——而不是一味地向外榨取和自我陶醉，比如只为增加自己的财富、地位，只为世俗成功而努力。

尽管人生目标的好处有据可查，但有些管理人员认为员工的人生目标是无关紧要的，甚至是一种危险。正如一位退休的首席执行官对我说的："我不会雇用你这样的顾问。组织需要的是少花钱多办事。要求人们探索自己的人生目标会让我觉得我失去了控制。往好了说是分散注意力，往坏了说是扰乱人心。"

这是事实。当人们真正想做的事情的吸引力变得不可被忽视时，人们就会离开工作岗位，放弃高薪和唬人的头衔。难怪有些人觉得"关于人生目标的对话"应该伴随着红灯警告。

围绕目标的类似反应非常普遍。在一次团队辅导课上，当我介绍一种新的对话工具，让他们把对话重点放在人生目标上时，一位总监说："这顾问就是垃圾。"他后来友好一些了，但最初的反应却是冷嘲热讽。其他管理者认为人生目标只不过就是"模糊不清或虚无缥缈的东西"。另一些人则会觉得自己不够好，没有"更高的"目标。有些人说，他们的目标是能带着工资回家，而且他们不想改变这个目标。（这也很公平。）

不过，在过去十年中，关于使命的商业案例一直在增加。自从我的著作《使命驱动》于 2020 年出版以来，其他几本书也为组织使命带来的效益提供了有力的证据，其中包括亚历克斯·爱德蒙斯（Alex Edmans）教授的《蛋糕经济学》（*Grow the Pie*）、兰杰·古拉蒂（Ranjay Gulati）教授的《深层目的》（*Deep Purpose*）以及保罗·波尔曼（Paul Polman）和安德鲁·温斯顿（Andrew Winston）的《净正值》（*Net Positive*）。保罗·波尔曼为我的《使命驱动》一书撰写了前言，分享了他担任首席执行官的十年间，联合利华的股东回报率接近300%，远远领先于同期上涨约70%的富时100指数。以使命为导向的公司在财务方面的强劲表现超越了竞争对手，赢得了全球领导者、管理者和投资者的关注。

但怎么做呢

新冠疫情后，各个组织越来越深刻地认识到它们需要变革，需要让工作对员工更有意义，但在"如何做"的问题上却步履维艰。如果缺乏一些诀窍，组织的使命就有可能被员工忽视，或者成为一项只需打钩的纸上工作。虽然许多书籍都强调了使命的价值，但很少有书能提供实用的步骤，让人们利用最实用的工具——对话——来发掘团队使命。

无论是个人、团队还是组织，只有当人们能够进行高质量的对话时，才有可能清晰地阐明自己的目的。目的是一个高度个人化的话题，它涉及我们认为什么是有意义的，什么使我们独一无二。深入聆听、真实表达、尊重差异和暂缓评判，这些都有助于创造必要的心理安全感，让我们可以去探究某项目目的的深层含义。在上述四种干预措施的基础上，领导者需要提出一系列不同的问题，让他们的员工一起思考和讨论，通过对个人目标的探索，意识到新的可能性。

正如我在《使命驱动》一书中所写，通往使命的路途上需要跨越三座桥[⊖]，这三座桥都需要对话去探索，这三座桥是：

⊖ 这三座桥（bridge）是指组织在实现使命的路上需要经历和跨越的三座"桥"，可以理解为三个"通道"：第一座"桥"是指组织要有超越盈利、服务多元利益相关者的"宏图大志"；第二座"桥"是指组织要围绕"使命"团结团队成员；第三座"桥"是指组织要让每个人把日常工作和使命的意义感联系在一起。——译者注

1. 组织使命：宏图大志——一个组织从主要关注利润或指标，转向关注如何去服务利益相关者，并成为世界上一股"向善的力量"。

2. 团队使命：协调一致——团队从一盘散沙转变为每个人都朝着同一个方向努力，通过实现个人单打独斗无法实现的强大的团队使命来激发灵感。

3. 个人使命：活出意义——个人将日常工作与自己的意义感联系起来，这样他们就不会感到无所事事，而是会充满激情地去做属于自己的工作，并培养出在艰难时期继续前进的韧性。

围绕每一个话题开展富有成效的对话，都必须有一个强大的对话"容器"。也许"通道"是一个更好的词，因为它传达了一种共同踏上旅程、实现共同使命的感觉。以下是能够帮助你（不仅仅作为领导者或管理者，而是作为一个人）进行目标对话（最重要的对话之一）的一些实用步骤。

腾出时间

阐述使命往往始于行政或高层领导团队对"什么是组织的使命"这一根本问题的探讨。然而，有几个障碍妨碍了高管团队就使命进行有价值的对话，其中包括：

- 停留在旧有操作模式下，缺乏高质量的思考时间。
- 与利益相关者脱节，未能充分了解组织能够产生积极影响的所有方式。
- 将发掘使命视为分析工作，想得太多。
- 缺乏安全感，缺乏挑战平庸的意愿。
- 害怕自己因充满激情地讲述组织使命而让别人嘲笑。

要克服这些障碍，请重新查看表 2-1（第二章中"用于对话的时间与因缺乏对话而耗费的时间对比"）。你也可以反思一下组织目前的状况，以此来创造一些动力。请参阅下面的练习 19——检视组织使命。

练习 19 ■■ 检视组织使命 ◀

1. 在你的行政或高层领导团队中，请团队成员思考以下几个组织分类及其相应的使命：

- 先进组织——组织有一个明确的、清晰的使命。
- 发展中组织——组织正在努力确定一个清晰、明确的使命。
- 落后组织——组织尚未开始制定或思考自己的使命。

2. 请每个人说出他们认为自己的组织属于哪一类，并说明理由。鼓励大家保持好奇心，而不是将任何一个答案定性为"对"或"错"。然后，更深入地了解他们选择的类别并进行共同反思。

3. 就明确阐述使命并围绕使命调整组织结构可能带来的好处展开讨论。研究表明，"先进组织"会获得三个核心好处：

- 它们拥有更高的增长率，包括收入增长方面的优势，以及更高的客户忠诚度和品牌收益。
- 它们在转型和创新举措（如推出新产品或拓展新市场）方面更为成功。
- 它们的员工更加投入，更愿意跨越职能和产品界限开展合作。

确定组织的使命不是一个团队在一个小时的会议中就能完成的事情。试图把使命讨论"塞进"已经排得满满的议程中也是浪费时间。讨论"我们的组织为什么存在"这样的问题需要更宽敞的空间。

随着时间的推移，真知灼见会慢慢产生，有感召力的组织使命也会逐渐浮出水面。写下组织的共同使命能带来多种益处，其中包括执行团队能够：

- 准确了解使命是如何实现的。
- 在重新审视使命时对自己负责。
- 必要时，对使命的表述进行修改。
- 让利益相关方参与关于使命的有意义的对话。

- 为更有效的决策和创新思维奠定基础。
- 坚持使命，在动荡时期保持韧性。

如果团队成员之间存在无法解决的冲突或无情的竞争，那么再多关于使命的讨论也无法解决这些问题。正如我在《使命驱动》一书中所写，企业中也有所谓的"灵性路径"的说法。但通过关注更超然的东西来忽略混乱的人类现实，并不能去除消极情绪，反而会增加愤世嫉俗的情绪。

指出存在的障碍——各自为政的人员、部门之间的地盘争夺战或主管之间的对立——有时候可以消除误会。其他时候，你需要在讨论使命问题之前，先解决这些人际关系问题（如有必要，可借助外部促进者、调解员或教练的支持）。

一个支持性的"容器"或"通道"是交流的必要条件，在这样的交流中，人们会有足够的安全感来讨论真正重要的事情（见第三章）。我曾与几个团队合作过，在这些团队中，创始人给了我明确的任务，就是激发团队成员的价值观和使命。当我问团队其他成员他们对会议有什么期待时，有些人勇敢地说出了心声——他们希望看到自己与创始人的关系得到改善。以创始人可以听得进去的方式将这一问题带入讨论，就为进行有意义的使命对话扫清了障碍。如果不首先解决这个关系问题，使命就永远不会像人们所希望的那样重要。

让使命清晰明了

从关注组织的使命开始。作为领导者，使命这座"桥梁"是你最能掌控的区域，让你关于"为什么"的陈述真实可信，就能创造可持续的优势。研究表明，即使在当前这个充满挑战的时代，全球仍有约 40％的员工表示他们可能会在不久的将来离职。在这个被称为"大辞职"的时代，新冠疫情成了"有意识辞职"趋势的加速器。

成为一个使命驱动的团体是一段雄心勃勃的旅程。阐述使命可能是一场艰难的对话，因为它提出了关于利润、利益排序和现实矛盾的种种问题，这是许多利益相关者都在挣扎的领域。彼得·德鲁克曾说："利润之于公司，就像氧气之于人。如果你没有足够的氧气，你就会被淘汰出局。但如果你认为你生活的全部目的就是呼吸，那你就真的错过了一些东西。"

关于企业使命的对话也经常充满了误解。常见的混淆是将需要明确区分的愿景（Vision）、大任（Mission）和使命（Purpose）交替使用。⊖根据维多利亚·赫思博士（Dr Victoria Hurth）及其同事的观点，愿景是一个组织试图实

⊖　国内有时也会把 Mission 翻译成使命，把 Purpose 翻译成宗旨。——译者注

现的目标；大任是一个组织如何去实现它的图景；而使命
则是一个组织之所以存在的持久而有意义的理由。

以英国著名品牌 Brompton Cycles 为例。现在，伦敦每
五辆自行车中就有一辆是人们能携带上火车和地铁的折叠
自行车。它们是英国工程技术的一项壮举。在首席执行官
威 尔·巴 特 勒-亚 当 斯 （Will Butler-Adams） 的 领 导 下，
Brompton 已成为英国的一个强势品牌。公司的愿景是让全
世界越来越多的城市居民骑上可折叠自行车，目前的使命
是在全国仅有的几家门店之外拓展美国市场，使命是 "改
变人们在城市中的生活方式"。

使命宣言要有冲击力，就必须简洁明了，这需要花时
间去构思。花点时间写出一套能引起共鸣、让人过目不忘
的文案是值得的。看看这些简洁明了的陈述：

- 以更充实、更持久的方式重塑商业。（Etsy$^{\ominus}$）
- 释放那些推动世界进步者的潜能。（波士顿咨询公司）
- 我们生产牛仔裤。就是这样。（Hiut 牛仔）

在公关咨询公司或品牌机构开展任何有关使命的工作
时，除高管外，中层管理人员和一线员工也都必须参与对

$\ominus$　Etsy，是美国一个在线销售手工艺品的网站，网站集聚了一大批
　　极富影响力和号召力的手工艺品设计师。在 Etsy，人们可以开
　　店，销售自己的手工艺品，模式类似 eBay 和中国的淘宝。——
　　译者注。

话。这将有助于降低使命被人们视为"额外的副产品"或"洗脑过程"的风险。为日常工作注入意义所需的智慧就在组织中，关键是找到这种智慧并将之付诸行动。

在《使命驱动》一书中，我分享了渣打银行如何通过对话发现其真正使命的故事。高层领导问员工：渣打银行代表什么？如果渣打银行明天不复存在，谁会关心？为什么？在智能机器的帮助下，他们对七万名员工的回答进行了众包分析，并确定了他们最看重的行为。从这些对话中，银行确定了自己的使命：通过我们独特的多样性推动商业繁荣。因此，银行的使命宣言体现了银行的与众不同之处——它拥有深入了解当地多元化客户和市场的员工。

有感召力的使命宣言包括五个特点，我用缩写词"MAGIC"对其进行了概括（见图 10 - 1）：

什么是成功的组织目标？

有意义（meaningful）——它为所有那些容易为奋斗目标激励，并希望尽其所能为组织服务的员工提供一种归属感。

真实（authentic）——指的是组织在创造实际价值方面言行一致，而不仅仅是在口头上信奉。

创造性（generative）——它所创造的对话能带来更好的决策和新的可能性。它使用的语言言简意赅，朗朗上口。

可实施性（implementable）——它以可实际应用的方式阐明组织的目标。

协作性（collaborative）——通过联合利益相关方，使其朝着同一方向努力，从而在整个系统中形成正能量流。

图 10 -1 MAGIC 使命宣言

"MAGIC"工具提供了一个"透镜"，可以用来检查使命宣言的草案，使对其的进一步完善成为可能。当我与客户使用这个框架时，关于组织使命的对话就会更深入。通常他们离开会议室时，使命已经确定下来，大家的意见达成了一致，每个人都感到满意。

寻找灵感

使命不是一个静态的实体。它从来都不是固定不变的。正如作家兼顾问皮特·伯登（Pete Burden）所说："使命是在交谈中形成的。它随着时间的推移而发展，因为人们会在一起讨论，并带来新的想法和创意。"要发现或发展自己的使命，就要通过"向后看"和"向外看"来寻找灵感。

大多数企业在创立之初的使命都不仅仅是赚钱，而对这个使命的深入挖掘会给我们带来启示。联合利华成功地发展了其让卫生用品走入千家万户的创始使命。卫宝（Lifebuoy）现在是联合利华最成功、最赚钱的品牌之一，其发展可以追溯到威廉·哈斯克斯·利弗（William Hesketh Lever）的远见卓识。当时，传染病在利物浦的贫民窟蔓延，威廉发明了一种肥皂，销售给面临疾病威胁的大众使用——这一使命与他们今天在印度的肥皂营销目标是一致的。

保罗·波尔曼就任联合利华首席执行官后，与领导团队在阳光港（默西河南岸的一个小村庄，19 世纪 80 年代，联合利华的创始人利华兄弟在这里为附近肥皂厂的员工建造了一个社区）举行了第一次会议。在这样的环境中讨论是什么让联合利华成为一个如此成功和可持续发展的组织，是一个深思熟虑后的决定。创始使命让人深入了解到一个组织的独特性。它是竞争优势的来源，因为创始能量是无法复制的。联合利华目前的组织使命宣言——"让可持续生活成为普遍现象"——是该组织创始基因的又一次迭代。

　　了解其他组织围绕企业使命所做的工作也是一种激励。美国西南航空公司（Southwest Airlines）作为非常成功的美国航空公司，每年运送旅客高达 1.2 亿人次，是许多商业领袖的灵感源泉。西南航空在其 48 年的发展历程中（早期的竞争对手泛美航空和环球航空公司已不复存在）始终专注于其组织使命，从而实现了盈利。西南航空利用员工和客户讲述的一系列故事制作了关于其组织使命的视频，生动地展示了他们"通过友好、可靠和低成本的旅行将人们与生活中重要的事情联结起来"的使命。当我和其他公司的团队一起观看这个视频时，都觉得它很鼓舞人心，有人甚至感动得泪水涟涟。下面还有一个来自英国非营利组织 Choice Support 的例子。

　　Choice Support 是一家社区慈善协会，为自闭症患者、有学习障碍和/或精神健康需求的人提供支持。其高层领导清楚地认识到，组织使命并不是简单的使命声明。（我承认：自 2019 年以来，我一直在辅导该组织的执行团队。）

在我主持的一次现场活动中，董事们发现，关注使命能让他们的决策更清晰、合作更紧密、人员流动更少。一旦他们确定了"支持人们寻找机会，以便创造自己的幸福"的组织使命——一旦他们确定了"我们关心、我们尊重、我们学习、我们领导"的价值观，他们自愿将这些使命"置于他们一切行动的核心"。首席执行官莎拉·马奎尔（Sarah Maguire）定期撰写博客，执行团队制作了一段讲述组织使命的视频，两位项目负责人举办了一系列关于组织使命的会议，并邀请受托人探讨组织使命对他们的意义。

其他组织则通过一系列明确的战略目标来扩展其组织使命。新西兰的国有银行和金融服务提供商 Kiwibank 的使命由三大"支柱"展开："让儿童更富裕，让新西兰人更富裕，让新西兰更富裕。"每根支柱都有一个明确的目标："2030 年之前，我们将支持所有儿童获得优质的金融教育。"

Kiwibank 以使命驱动的方法取得了丰硕成果。使命的三根支柱推动着 Kiwibank 银行所做的一切，以确保它们能带来真正的改变。2023 年，Kiwibank 税后（他们缴纳了 1.75 亿美元的税）净利润比上一年增长了 34%，碳排放量减少了 9%。这一切使得 Kiwibank 位列新西兰前 25% 的头部公司。

首席执行官史蒂夫·尤尔科维奇（Steve Jurkovich）在一次视频通话中对我说："我们通过使命获得业绩。一旦我们通过与团队成员讨论，确定了使命对我们的真正意义以及我们真正关心的事情，这事就变成了双赢，而不是取舍。"

Kiwibank 也是一家经过认证的共益企业（B Corp）（在全球 85 个国家共有 5698 家共益企业）。这意味着企业的道德标准、社会服务标准和环境标准需经过独立监督员的评估和认证——宾夕法尼亚州非营利组织共益企业实验室（B Lab）制定了严格的相关标准，并负责将评估结果公之于众。共益企业必须以服务社会为使命，并在法律上承诺为所有利益相关者（而不仅仅是股东）的利益行事。

领导者可以从其他组织的工作中看到改变的可能性。正如一位客户所说："使命是一种让企业变得充满活力的潜在能量。"关于使命的真实对话既要受到未来潜力的启发，又要立足于当下，这就是我们接下来要讨论的问题。

创建一致性

组织使命能将人们凝聚到一起。围绕两个重要话题的对话有助于使人们围绕一个使命团结起来：一个是关于"是什么让人们为在某个组织工作而感到自豪"的真实对话，另一个是围绕"与使命有关的矛盾"的真实对话。

使命不是"摆在那里"等着人们去实现的客观存在，而是人们内心深处感受到的东西。情感联系才是最重要的。当你做到以下几点，你就知道你践行着自己的使命：

- 为在这个集体工作感到自豪；

- 积极参与日常工作；

- 即使遇到困难，也可以坚持下去，因为工作对你意味着一项有意义的挑战；

- 在你的周围看到潜在的合作者而不是竞争对手；

- 甘愿在某个问题上采取坚定的立场，甚至冒着让自己不受欢迎的风险；

- 对自己所做的事情有一种正义感；

- 更容易克服畏难情绪，不被虚荣的身份或内心批评所干扰。

　　一个简单的问题就能引发一场关于使命的精彩对话：你什么时候为在这个组织工作感到自豪？我说的自豪不是指骄傲自满，我指的是健康的自豪感，就是那种心潮澎湃的感觉。在牛津大学举办的"为首席执行官做准备"会议上，当我向与会者提问时，一些人说是在高等教育学院获得了奖项的时候，另一些人说是当他们的团队实现了重要使命的时候，还有一些人谈到当他们的辅导能给学生或教师带来变化的时候。当时，全场洋溢着乐观积极的气氛。

　　这个问题清晰地揭示了一个组织的使命。维多利亚·赫思博士及其同事将组织使命定义为："与长期财务业绩相一致的、有意义且持久的存在理由，它为所有决策提供一个清晰的背景，并统一和激励利益相关者。使命有助于实现所有人的长期福祉。"

当一个组织所宣称的使命与实际执行情况不一致时，就会出现问题。写在网站上的都是漂亮话，却从不付诸行动，就会招致冷嘲热讽；没有践行的使命充其量只是一种美德的象征，最坏的情况下就会变成虚伪。为了减少这些风险，要对与"使命"有关的左右为难的选择、困境和艰难决定，做深入的对话。

保罗·波尔曼和安德鲁·温斯顿在《净正值》一书中写到，联合利华在变得更加以使命为驱动的过程中遇到了各种挑战。其中一项挑战是让"合适的人上车"。这意味着从高层开始的所有雇员都要对组织的使命充满热情，并关心世界的现状。一家外部公司对高层领导进行了评估，并测试了他们的技能和工作之间的适配度。该评估"揭示了一些令人不安的关于企业文化和领导能力的观点"，其中包括领导者在"系统思考"方面的弱点。在波尔曼领导公司的最初几个月里，这项评估工作导致了公司人事层面的巨大变动。一些高管在自我评估中认为，考虑使命并不是他们的事情。前100名高管中大约有70人被"替换"，董事会也发生了重大变化。寻找使命的一致性可能是一项重大挑战，但让使命对组织发挥更大的影响力至关重要。

当联合利华的美白产品在印度受到尖锐抨击时，他们进一步"清醒"过来。联合利华的高层领导认为，美白产品所传递的信息与公司其他品牌如德芙（Dove）等注重身体健康的使命不符。他们取消了面霜中的美白成分，并将宣传标语中的"白皙可爱"改为"容光焕发"，但"对品牌的伤害已经造成"。

矛盾如果得不到解决，就会发酵。没有真实的对话，组织使命的基础就会非常脆弱。而在一个安全的对话"容器"中，领导者可以大胆直言，也可以容忍团队的焦虑不安和暂时的方向不明。

要了解更多相关信息，请参阅练习 20——通过对话剖析组织使命。

练习 20 ■ ▪ 通过对话剖析组织使命 ◀

自由、积极的对话对确保组织使命的一致性非常重要，其中可以包括以下问题：

1. 你是否在为本组织工作时感到自豪？

2. 本组织最积极的影响是什么？

3. 我们的客户、供应商及其他利益相关者喜欢我们的哪些方面？

4. 如果这个组织不存在，会发生什么？我们履行的最重要的职能是什么？如果该组织不复存在，人们会缺少什么？

还可以通过以下问题深化对话，探索关于组织使命的更迫切的领域：

5. 你在哪里看到我们的使命已经实现？

6. 你认为哪些地方存在矛盾？

7. 为了与组织使命更加一致，你明天可以开始做哪一两件事？

如果时间有限，就讨论最有价值的问题。通常最受关注的往往是第六个问题。

以使命激励团队

以共同使命为动力的团队是组织中最有潜力的单位。正如玛格丽特·米德（Margaret Mead，人类学家，1978 年"年度行星公民奖"获得者）说："永远不要怀疑，一小群有思想、有决心的公民能够改变世界：事实上，这是唯一能够改变世界的力量。"

一小群人要想取得优异成绩，就必须有一个强有力的共同使命。如果没有一个鼓舞人心的"为什么"，一群人仍然只是一群人，而不会成为一个团队。如果没有使命，领导者就会通过控制、命令或强制来完成工作。

在使命驱动的团队中，人们不再各自为政，他们解决冲突并改变工作方式。团队成员不再是"以单一固定的领导者为中心的工作小组"，而是开始成为"使命明确的协作团队"。领导者不再是行动的中心，"为什么"成为团队跳动的心脏（见图 10－2）。

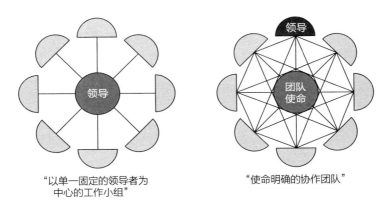

"以单一固定的领导者为
中心的工作小组"

"使命明确的协作团队"

图 10－2 "以单一固定的领导者为中心的工作小组"与"使命明确的协作团队"

在实现使命驱动的三座"桥"中，团队使命最容易被忽视。这是一个真正致命的疏忽，原因有以下几个。首先，只有每个人都朝着同一个方向努力，团队才能蓬勃发展；团队的使命决定了前进方向。

其次，对团队使命的关注可以使关于使命的对话不再囿于行政或高级领导团队。研究表明，要让组织使命能够提升财务业绩，必须具备两个因素：组织使命的明确性和中层管理人员的参与。经常被夹在不同的需求之间的中层管理人员经常被称为"冻结的中间人"，他们对向一线员工传达组织使命至关重要。虽然一些中层管理人员可能对探讨个人使命感到"胆怯"（原因我前面已经分享），但探讨团队使命是一个更容易的起点，有助于弥合许多组织中存在的高级管理层与一线员工之间的沟通鸿沟。

关于团队使命的对话可能取得的重要成果就是为团队制作一份使命宣言。其形式可以是"我们为 Y 做 X，从而实现 Z"。在与我合作的一个有 12 名成员的董事会中，执行董事和非执行董事混合组成了三个四人小组。数十年的研究表明，最理想的小组人数是四人，在这种情况下，人们可以一起进行富有成效的思考。这样的小组既有足够丰富的观点输出，又有足够小的规模，从而具有很强的凝聚力。

每个四人小组都编写了一份团队使命宣言草案，并与全体成员分享。然后，三名志愿者综合三人的意见，起草了一份团队使命宣言。在董事会同意这一声明后，他们讨论了实现这一使命所需的关键行动。语言是有力量的，行动更是如此。

确保团队使命的真实性非常重要。许多团队都有一个"我们赚钱是为了管理和发展业务"的目的，虽然这是团队成立的初衷（一般按上级领导的意愿执行），但并不能真正激励团队。"我们完成关键绩效指标，并向董事会提供最新情况"也不符合要求。一个团队告诉我，他们的使命是"通过写报告和做演讲来养活公司"，这个表述虽然很诚实，但这并不是一个持久和有意义的组织使命。与真实的团队使命相近的是一个执行董事提出的团队使命宣言："我们领导并促成出色的工作。通过提供强有力的、富有同情心的领导，使更多的人能够过上充实的生活。"

让每个人参与

为了克服管理人员对谈论个人使命的抵触情绪，可以让人们体验个人使命带来的"身体"反应。感受到个人使命会让我们浑身仿佛通了电。它点亮了我们，工作不再意味着痛苦和艰辛。一旦个人体验过这一点，就会明白我说的是什么。

要想做到这一点，一个简单的方法就是营造一种有利于探索个人使命的轻松愉快的氛围。在赛德商学院，我通过带领大家做练习 21 的方式开始了关于探索个人使命的对话。

练习 21 ■   **探索其他角色**   ◀

1. 请每位小组成员花几分钟时间针对这些问题做一些记录：

- 你在团队中扮演的非正式角色是什么？
- 别人依赖你做什么？
- 如果你离开两周，别人会想念你的什么？

2. 请大家结成对子，互相帮助，找出一个能让自己"心动"的替代性头衔；挑战彼此，想出一个能让对方会心一笑的替代性头衔。

3. 请大家在一张鲜艳的便条上写下自己的姓名、正式头衔和备用头衔（字迹要清晰，以便分享）。请他们找一个新伙伴，与他分享自己的便条。重复几次，让信息在不同的小组中传播开来。

下面是一些来自基础教育部门的与会者提出的例子：

- 财务和物业主任——首席泡沫爆破师。
- 副校长——电池分销商。
- 首席财务官——直言不讳的家伙。
- 课程与质量高级领导——挑战冠军的人。
- 学生参与和伙伴关系主任——马戏团团长。
- 副首席执行官——信号箱总操作员。

这项活动的灵感来自丹·凯布尔（Dan Cable）的著作《生机勃勃地工作》（*Alive at Work*）。交换便条两分钟后，现场笑声不断，让我想起了街头马戏表演。没有一个团队成员再带着严肃的面孔或僵硬的工作面具了。凯布尔认为，这种练习能提高团队绩效，因为它能让人们更清楚地认识到彼此的角色和责任。通过了解谁是团队任务的"最佳人选"以及这个人的独特贡献，人们开始对团队的意义以及每个人的独特"位置"有了共同的认识。研究还表明，邀请员工确定一个带来自我反思的替代性头衔可以缓解情感上的疲惫，这可能是因为它鼓励人们反思自己为工作带来的价值，以及他们认为最有意义的事情是什么。

与一线管理人员和一线员工一起进行这项练习，还有助于缩小我在前言中提到的"个人使命上的等级差距"。研究表明，与一线管理人员和员工相比，高管在工作中实现个人使命的可能性要高出八倍。

鼓足勇气

我们在本书中已经看到，对话是一种与众不同的互动，它让人们在一起交谈、思考和探索的过程中共同学习。

对话也是为了改变组织中的权力关系。艾萨克斯写道：

"我们必须暂时搁置分歧，以获得新的信息，采取新的行动，这样教授才能从学生身上学到东西，老板才能从员工身上学到东西。所有优秀的老板都知道，当你真正领导有方时，谁说了算并不重要。如果我把你视为合作伙伴，而不是员工，那么创造力就会横空出世。"

在消除人与人之间的权力差异、使对话更具创造性方面，"个人使命"起着举足轻重的作用。无论我们知道与否，我们每个人都有自己的个人使命。当一件事情不该由我们做时，我们都会感到心里沉甸甸的。我们都有能力感受到一种"牵引"，某种"未来的低语"所带来的兴奋感或平静的接受感，将我们拉向我们应该做的事情。因为这些都是微小的"电流"，我们有时会错过它们，尤其是在繁忙的工作中。放慢脚步，花时间思考真正重要的东西，我们的使命就会更加清晰。

有很多方法可以让人们通过对话窥见自己的个人使命。我在《使命驱动》的最后一章中介绍了几种工具。正如一个组织可以通过不断发展自己的使命来反映当前的市场环境一样，一个人也可以通过将自己从原生家庭中父母对自己的期待发展成一个更广阔的版本，也就是自己的人生目标。反思你人生中的关键时刻，会让你更清晰地聚焦于你的人生线索。这些时刻包括：

- 坩埚时刻：这是把你放在"火"中考验的时刻，让你看到自己的本质。
- 发射时刻：这是指你对自己的身份有强烈的认识并体验到"这就是我，这才是真正的我"的时刻。
- 同步时刻：是指发生的有意义的巧合让你感觉自己走在"正确"的道路上的时刻。伟大的瑞士心理学家卡尔·荣格（Carl Jung）创造了"同步"（synchronicity）一词，用来指那些出乎意料、令人振奋、感觉意义重大的事件。这些时刻看似平淡无奇，但当它们与我们内心的暗流产生共鸣时，就不容小觑了。对话就是一个很好的例子，比如有人提到了你需要听到的东西，或者问了你一个意想不到的问题，让你产生了某种深刻的洞察。

从某个时段起，我对如何通过对话实现个人使命有了一些新的见解，我是以下面这种方式得到这些启示的：在新冠疫情期间，我和使命研究者克里斯·布莱克韦尔、阿尔贝托·冈萨雷斯-奥特罗建立了一个由对"个人使命"感兴趣的人组成的在线全球社区。三年后，我们与来自英国、荷兰、瑞典、美国、土耳其、以色列、印度、新加坡、澳大利亚、纳米比亚等国家的 3000 多人建立了联系，并举办了 50 多场免费讲座。我们称自己为"使命团体"，有趣的是，我们既以三人小组的形式工作，同时也进行个人"演出"，那感觉就像一个"乐队"。

2022 年 5 月，当阿尔贝托、克里斯和我终于在海牙（阿尔贝托的居住地）见面时，我们简直不敢相信我们在虚拟世界中已经完成了这么多工作。鉴于我们各自都在为不同的企业组织提供类似的服务，我们本可以成为竞争对手，但我们却成了合作者。我们关于"对话是推动企业转型的实用工具"的共同信念使我们能够超越任何竞争关系，在团结中找到力量。

在我们进行的"使命团体"会议上，阿尔贝托提出了一个重要问题，让很多人都有茅塞顿开之感。这个问题是：

"如果你知道自己绝对不会失败，你会选择做什么？"

对这个问题的回答总是让我感动。它们包括"创业""写书""学钢琴""拍电影"和"每周工作三天"。这让我明白了一个现实：当我们接触到自己真正想要的东西，并在他人的见证下表达出来时，就会坚定朝这个方向前进的决心。

畅销书《临终者的五大遗憾》（*The Top Five Regrets of the Dying*）强调了忠于自我的重要性。澳大利亚人布朗尼·瓦尔（Bronnie Ware）在姑息治疗领域工作多年。她最初发表的一篇文章引起了世界各地数百万人的共鸣，她后来将这文章扩展为一本书，书中汇集了处于生命最后 3 周到 12 周的人们的智慧。临终者最常见的遗憾是："我希望我当初有勇气过真正属于自己的生活，而不是别人期望的生活。""如果你知道自己绝对不会失败，你会选择做什么"这个问题很有力量，因为它降低了人们日后产生这种类似的遗憾和悔恨的风险。

最后，关于个人使命的对话也为撰写个人的使命宣言提供了灵感。与组织使命宣言一样，个人使命宣言是一组说明了你个人使命的简单的文字。我们的"使命团体"在课程中，写出的案例如下：

- 通过旅行帮助人们变得更加开放。
- 帮助女性减少孤独感，使她们能够充分发挥潜能。
- 创造让人与人之间产生共鸣和同情的独特时刻。
- 创建一个让人们通过自我教育实现职业稳定的生态系统。

我自己的言简意赅的个人使命宣言——激发人们团结起来完成伟业——对我是一笔真正的财富。它使我能够更敏锐地做出决策，更清晰地说出"不"和"是"。我不再使用心理测试来进行领导力评估（它无法激发人们的活力）。当一位潜在客户请我为一家博彩公司的高管团队提供辅导时，我拒绝了他（我看不出他们工作的"伟大"之处）。当我觉得无法再与一位前同事共事时（我们一起工作时别扭多于团结），我选择了离开。然而，当赛德商学院的副研究员兼课程主任史蒂夫·莫斯廷邀请我主持"使命"课程时，我立即答应了。

花时间用文字记录下自己的"个人使命"，对小企业主和个体经营者还有额外的好处。由于他们的个人使命往往与其组织使命相同，这就使得清晰写出个人使命的回报加倍。个人使命宣言可以像团队或组织的使命宣言一样，采取"我们为了 Y 做 X，所以 Z"的形式。一个很好的起点是问自己练习 20（通过对话剖析组织使命）中引起共鸣的问题，而分析对象就是作为个体经营者或小企业主的你自己。

正如我们在联合利华这样规模的企业中所看到的那样，走自己的使命之路需要承担风险，但过"不属于自己"的生活所带来的遗憾要大得多。放弃一份工作，对一份荣耀与压力同在的项目说"不"，离开一群珍爱的同事去寻找更有意义的工作，这些都是不容易跨越的门槛。温暖的对话和锁定目标带来的热情澎湃会让这些困难不再令人望而生畏。

这就是了！

回到马丁的故事。他的字条真实地提醒我们，改变从承认现状开始。许多人之所以留在自己不喜欢的工作岗位上，是因为他们否认了正在发生的事情。要想改变现状，你必须意识到哪些是可行的，哪些是不可行的。对马丁来说，挫折感并不舒服，但认同现实，而不是试图将其推开，就有可能改变现实。以下是他信件的其余部分：

"这就是我的使命吗？"这个问题越强烈、越响亮，答案就越清晰，我需要离开目前的岗位，但薪水、地位和声望又把我拉了回来。

这些都是很多年前的事了。我现在住在塞浦路斯，我女儿在这里上国际学校，我可以在这里经营我的生意。我的座右铭是"享受推动成功"，我现在一切都很好。

我妻子最近说："你是个大器晚成的人。"我是后来才进入企业家的行列的，我正在迎头赶上，尝试做很多不同的事情。与金钱和地位相比，"我没有什么可失去的"或"最坏的情况能是什么"这样的信念指导着我的行动。这是一种巨大的解放。

更让我感到自由的是，我现在明白了"这就是我的使命吗"这个问题其实是在让我们把生活和命运掌握在自己手中，我们不应该浪费时间去回答这个问题。

总之，我知道我们已经很久没有联系了（虽然我经常收到关于你的消息）。不过，我还是想和你分享这些，因为你一直是我人生旅途中的一部分。

莎拉，我希望你工作和生活一切顺利，也希望我们有机会再聚。

致以最良好的祝愿，

马丁

马丁的故事表明，在工作中找到更多的满足感永远不会太迟。亨利·戴维·梭罗（Henry David Thoreau）在他的经典著作《瓦尔登湖》（*Walden*）中写道："大多数人过着平静而绝望的生活。"我们中的许多人在日常的工作中都会忧心忡忡，但其实大可不必如此。陪伴能让我们的生活与众不同。通过互相交流，你可以获得单凭一己之力无法获得的真知灼见，它会激励你迈出下一步，并减少"带着我们的歌声走进坟墓"的可能性，正如奥利弗·温德尔·霍姆斯（Oliver Wendell Holmes）所指出的那样。开诚布公的对话是实现积极转变的真正的催化剂，但却常常被忽视。

▮▮ 本章小结 ▮▮

1. 谈论使命既棘手又具有变革性。关于使命的困惑比比皆是，阻力重重。对使命的冷嘲热讽是常见现象。"该怎么做"是首要的问题。关于使命的对话的一些诀窍会使一切都变得不同。

2. 有三个领域（或需要跨越的"桥梁"）需要被涉及：个人、团队和组织层面的使命。明确的使命会给个人带来活力，给团队带来凝聚力，给组织带来宏图大志。

3. 就组织使命展开对话，可以建立凝聚力，减少愤世嫉俗的情绪，让团队成员参与进来，共同创造意义。在讨论使命之前，有时有必要解决混乱的人际关系问题。

4. 使命不仅仅是使命宣言。即使是有感召力的组织使命，也需要通过日常行为来体现。通过制定一系列战略目标，在思想、语言和行动层面将组织使命体现出来，从而扩大使命的影响力。

5. 要阐明团队的共同使命，就需要进行畅所欲言的高质量对话。这种对话不一定要冷静；寓教于乐的方式可以给参与对话者带来一种令人难忘的身体刺激反应。

6. 发现自己的个人使命会让决策更加敏锐，让说"不"变得更加容易，让你鼓起勇气去做属于你的事情。

7. 使命不是一成不变的，而是不断发展的。在一个安全的"容器"中进行真实的对话，可以让人深入了解如何发展自己的使命，以满足瞬息万变的世界的需求。关于使命的对话是你、你的团队和组织可以进行的最重要的对话之一。

如果你现在只能做一件事……询问人们何时为自己产生的影响感到自豪。然后问问这种感觉对他们的个人成长有什么帮助。在这种充满活力的状态下，你更容易看到使命的本质，无论你关注的是个人使命、团队使命还是组织使命。

后　记

　　无论你需要进行何种形式的艰难对话，我祝愿你读完这本书后都会感到更自信、更有能力、更有勇气。我相信，了解如何建造一个"容器"并运用四大秘密，能让你克服阻碍，畅所欲言，自由交流。

　　这本书差一点就没写成。当培生出版社的编辑埃洛伊丝·库克第一次联系我，说她正在"认真考虑"委托我写一本关于困难对话的书时，我说这不适合我。我已经写了很多关于对话的文章，这一点在前言中已经提到了，我不知道我还能说些什么。

　　几周后，我去康沃尔郡度假。那几日，我难得地将忙忙碌碌的工作节奏置之脑后，每天与朋友们漫步海岸小径，共度悠闲的时光。那是 2022 年 3 月，当我在度假小屋闲逛时，收音机里传来了关于俄乌战争的最新消息。双方的人员在承受伤亡，人民在承受痛苦。这是多么令人痛心的一幕。数十年来，西方领导人为何未能与俄罗斯进行适当的对话？关于如何进行对话，我们有太多不明白的地方，尤其是在有关键性的、影响深远的问题需要讨论的时候。

　　我突然意识到，分享我从事对话教练工作多年来从实践中获得的知识、技能和工具的时机已经成熟。我彻底改变了想法，心中燃起了熊熊烈火，答应了写作这本书。用圣雄甘地的话来说，这将让我"成为自己希望在世界上看到的变化"。

领导者之间确实需要保持对话，即使——或特别是——当他们关系不友好时，为的是避免冲突升级为更严重的局面。进行并保持真实的对话并不容易，但避免对话或搞砸对话，代价就会高得多。即使在日常的企业生活中，对同事退避三舍，或将"无法讨论"的话题按下不表，任其慢慢发酵，也只会给团队中的其他人带来更大的麻烦。

我们正处于人类历史上的一个震荡时刻。除非我们明智地利用我们的集体智慧，否则我们有可能毁灭自己。多重危机的相互叠加让我们感到力不从心，无法应对，不知该何去何从。正如亚当·托兹（Adam Tooze，英国历史学家，"多重危机"一词的创造者）所说，我们真切地感受到，压力将持续上升，不仅对我们，而且对子孙后代都是如此。由于政治会谈的失败，我们所面临的复杂、纠缠不清的问题——糟糕的气候状况、大规模杀伤性武器的泛滥、政治分歧的加剧和移民问题——比想象中的要严重得多。"一幢四分五裂的房子是注定要倒下的。"

我们无法迅速扭转多重危机，但我们可以学会如何就其展开对话。持续有效的对话——无论是在不同领域的专家之间、不同国家的领导人之间还是不同部门的管理者之间——都是我们应对这个时代的巨大变革和挑战的最大希望。我们每个人都可以做的一件小事就是"先加固自己的房子"。我们可以将我们需要进行的所有困难对话转变成真实的对话。然后,我们会发现这其实意味着前所未有的巨大进步。

正如贝拉克·奥巴马（Barack Obama）所说:

"一个声音可以改变一个房间。如果一个声音可以改变一个房间,那么它就可以改变一座城市;如果它可以改变一座城市,那么它就可以改变一个州;如果它可以改变一个州,那么它就可以改变一个国家;如果它可以改变一个国家,那么它就可以改变世界。你的声音可以改变世界。"

这也是我同意写这本书时对你、对我们所有人的愿望。